古代美術史研究

二編

第13冊

唐宋《蘭亭》接受問題研究

白　銳　著

花木蘭文化出版社

國家圖書館出版品預行編目資料

唐宋《蘭亭》接受問題研究／白銳 著 — 初版 — 新北市：花
木蘭文化出版社，2017〔民106〕
目 2+146 面：19×26 公分
（古代美術史研究 二編；第13冊）
ISBN：978-986-322-207-1（精裝）
1. 法帖　2. 唐代　3. 宋代
618　　　　　　　　　　　　　　　　　　　102002684

ISBN-978-986-322-207-1

9 789863 222071

古代美術史研究
二　編　第十三冊　　　　　　　　ISBN：978-986-322-207-1

唐宋《蘭亭》接受問題研究

作　　者　白　銳
總 編 輯　杜潔祥
副總編輯　楊嘉樂
編　　輯　許郁翎、王筑　美術編輯　陳逸婷
出　　版　花木蘭文化出版社
社　　長　高小娟
聯絡地址　235 新北市中和區中安街七二號十三樓
　　　　　電話：02-2923-1455／傳眞：02-2923-1452
網　　址　http://www.huamulan.tw 信箱 hml 810518@gmail.com
印　　刷　普羅文化出版廣告事業
初　　版　2017 年 3 月
全書字數　125705 字
定　　價　二編 28 冊（精裝）新台幣 75,000 元　　　版權所有‧請勿翻印

唐宋《蘭亭》接受問題研究

白鋭 著

作者簡介

白銳，美學博士、副研究員，畢業於中國人民大學藝術學院。現爲中國書法家協會會員、中國書協婦女工作委員會委員，北京書法家協會理事，中國國家畫院沈鵬創研班助教。現就職於中國文聯。書法作品多次入展中國書法家協會主辦的各項展覽，曾獲第二屆全國草書展三等獎。數十篇書法理論文章刊於《文藝報》《美術觀察》《中國書法》《書法報》《書法導報》等，曾獲第三屆全國書法蘭亭獎理論獎三等獎。

提　要

　　素有「天下第一行書」美譽的《蘭亭序》是中國書法史上最受矚目的藝術文本，也是古典書論和現當代書學研究中頗受關注的藝術個案。本文在先賢時賢已有研究成果的基礎上，以西方接受美學爲主要理論借鑒，以書學風格史的演進爲內在理路，兼及唐宋政治史、社會史和文學史的相關研究，詳細梳理唐宋時期讀者接受《蘭亭序》的發展脈絡和整體風貌。全文由緒論、正文和附錄三部分組成。

　　緒論對《蘭亭序》研究的基本狀況及本文的關注點和研究方法予以闡述。

　　正文分爲四章。第一章解讀《蘭亭序》文本。《蘭亭序》作爲古今書體轉捩的重要代表，它的產生不是孤立的書法現象，而與書法風格史的演進、思想文化史的影響緊密相連，因此應把其還原到東晉書法史、文化史的語境之中，對其時代書風和文化要義予以全面分析；由於《蘭亭序》眞的不存於世，本文以最著名的《蘭亭序》摹本——神龍本爲討論的核心，羅列歷代書論對「神龍本」的評價並借助形態學的分析方法對《蘭亭序》進行賞析；同時，對王羲之傳世行書墨的分析及其與《蘭亭序》的對比研究，也是本章不可或缺的組成部分。

　　第二章爲唐代的《蘭亭序》接受。分爲兩個方面：其一，探討制度學視閾下的唐代書學。唐太宗熱衷書學，尤重王字，醉心臨池之功以外，還在理論上大張王學，他九鼎至尊的政治霸權地位對於藝術審美的趨向起到重要的影響。同時，唐代科舉制度的吏部銓試注重楷法遒美，這無疑也會對初唐書家對《蘭亭序》的接受產生影響，最終導致唐人版的《蘭亭序》誕生。其二，從風格學的角度對虞世南、陸柬之、孫過庭和顏眞卿的《蘭亭序》接受予以分析。隋末入唐老臣虞世南對於唐太宗的「崇王運動」起到積極的推進作用；陸柬之書奴式的效法，使其終究難入山陰門徑；孫過庭力追羲之筆法之源，衝破唐法禁錮，使魏晉風韻得以眞實再現；而顏眞卿的「古體」行書則代表盛中唐書法對《蘭亭序》的反接受。

　　第三章爲宋代的《蘭亭序》接受。在宋代書法史上，帝王和文人書法家對《蘭亭序》的態度有很大的不同。一方面，宋太祖屬意翰墨，出內府所藏法帖，敕王著摹刻拓《淳化閣帖》，實爲帖學之始，二王行草書的重要地位再次被強化。而被唐人異化的《蘭亭序》也趁著王學再興的時機而成爲宋太宗、宋高宗等帝王政治學意圖下「法正統」的神聖武器。另一方面，儘管北宋書法的重要方向與《蘭亭序》之間並不存在絕對的承傳，但宋代書家對《蘭亭序》的接受和反接受卻是宋代書法風格演繹和變遷的一根紐帶。五代楊凝式書風的出現，是對魏晉書法要旨的心領神會。《韭花帖》作爲宋代尚意書風的楔子，開啓了北宋書法的先聲。宋四家對《蘭亭序》的接受具有不同的態度：蔡襄是《蘭亭序》的「忠實信徒」；蘇軾是「尚意」書風的開啓者，雖早年日課《蘭亭序》，但其行書與《禊帖》沒有明顯的承傳關係；黃山谷則對《蘭亭序》面恭

而實倨，他不屑於一筆一畫的追慕，在他的書法中也看不到《蘭亭序》的影子。米芾是宋四家中最具有「魏晉情結」者，他的書法受益於二王雜帖，繞開了《蘭亭序》的風格陷阱。南宋書壇遠不及北宋活躍，以姜夔爲代表的獨立于意識形態話語之外的失意文人對《蘭亭序》的接受爲我們更好的理解南宋書法打開一扇窗口。

第四章爲唐宋《蘭亭序》接受的文獻總結。本文以列表的形式枚舉唐宋之際《蘭亭序》的臨本、摹本和刻本。同時對宋代「《蘭亭序》學」的發軔之作——桑世昌的《蘭亭考》和俞松的《蘭亭續考》予以分析，儘管它們只是資料的彙集，而非研究性著作，但爲研究唐宋兩代《蘭亭序》的臨摹、翻刻、著錄等保存了十分珍貴的資料，在「《蘭亭》學」的研究史上具有重要的學術價值。

附錄校勘唐人何延之《蘭亭記》。

目
次

緒 論

0.1 《蘭亭》研究的基本狀況

素有「天下第一行書」美譽的《蘭亭序》是中國書法史上最受矚目的藝術文本。據現有史料記載，自唐代始，《蘭亭序》在唐太宗大興王學的背景下得到空前的重視，經過大量傳拓和臨摹，它化身千萬而具有了獨立的藝術生命。初唐以後，《蘭亭序》真迹亡佚，其臨本和摹本的命運幾經變化，有帝王一系對它一貫的認可，乃至奉若神明，也有文人士大夫或肯定或否定的態度分歧。於是通過對《蘭亭序》不同接受的分析，可以對不同時代的書法風格和書法理論做出全面的理解。不誇張的說，對「《蘭亭》現象」的解讀成為探索中國書法史尤其是帖學史的一扇窗口。

歷代關於《蘭亭》的研究蔚為大觀。唐代張彥遠《法書要錄》收錄何延之的頗具神秘色彩的傳奇故事《蘭亭記》，雖然可信度值得研究，但《蘭亭》藉此而廣為人知。宋代桑世昌的《蘭亭考》是最早的較為嚴肅的《蘭亭》學術研究著作，該書彙集了散見於各種著錄、筆記、信箚、詩文和題跋中關於《蘭亭》的記述。其後，俞松《蘭亭續考》收錄所藏、所見各本《蘭亭序》的題記。桑、俞二考以材料彙集為務，為後來的《蘭亭序》研究保存了大量豐富的資料。元、明兩代有陶宗儀的《蘭亭諸刻考》、胡若思的《蘭亭諸本考》，多以著錄和考證為主。清代胡世安《禊帖綜聞》以及金石學家翁方綱《蘇米齋蘭亭考》的問世體現了《蘭亭》考證的長足進步。現代古文字學家、金文專家容庚《蘭亭八十一刻》、《蘭亭五記》以及當代書畫鑒定家徐邦達等關於

《蘭亭》的研究，是二十世紀的傑出成果。另外，《蘭亭》眞僞之疑最早始於宋代。清代，學者阮元、李文田、楊守敬等發難，拉開《蘭亭》眞僞討論之濫觴。到上個世紀六十年代，以郭沫若爲首的「蘭亭論辨」把上千年的「蘭亭神話」徹底消解。由於南京地區東晉時代王、謝家族墓誌的出土，郭沫若撰文論傳世王羲之《蘭亭序》爲僞作，這在書學界和文物界掀起軒然大波。在「文革」前夕的特殊政治氣候中，郭沫若在學術界具有特殊地位，故而平等的學術討論很難形成，最終郭沫若及其贊成者的觀點被認爲「具有唯物主義的批判精神」而得到肯定。這場包孕了政治鬥爭因素的論辨，雖然並不是純粹的學術爭鳴，在論證方法上也存在著很大的問題，但已和傳統的著錄題跋、考證文獻的做法大不相同，它涉及到文字學、考古學、版本學等多個方面的問題，不管其學術動機如何，學術水準怎樣，已把《蘭亭》研究提到現代學術的日程上來。

自「蘭亭論辨」之後，《蘭亭》研究方興未艾，上個世紀七八十年代，學界關於《蘭亭》的研究有了新的進展，眞僞問題有了更深入的探討。對此，熊秉明、唐蘭、逯欽立、周紹良、侯鏡昶、王玉池、李長路、許莊書等學者均有專文論述。同時啓功、徐復觀、徐邦達、王連起、張光賓等學者對《蘭亭》的版本問題也有更爲細緻的研究。另一方面，《蘭亭》被放置於東晉的大文化背景中，其文學和哲學價值得到重視，錢鍾書、楊仁愷、周紹良、應成一、陸家桂等學者對此有深入探討。上個世紀九十年代迄今，多角度的《蘭亭》研究蓬勃興起。華人德、叢文俊、祁小春等學者擺脫窠臼使用新的考古資料和早期書法文獻對《蘭亭》眞僞研究有新的突破；朱關田、曹寶麟、黃惇、劉濤、水賚祐、劉恒等學者在《蘭亭》的斷代史研究上取得新的成果。徐利明、王元軍、王汝濤、穆棣、沈培方、姚淦銘、沈語冰等學者以社會歷史批評、書家研究、書法風格嬗變、書法美學等多個方面對《蘭亭》進行新的解讀。2000 年，《蘭亭論集》的出版是對「蘭亭論辨」之後三十多年來研究成果的匯總。上編選錄二十世紀以來發表，而《蘭亭論辨》未收的重要論文，下編收錄 1999 年「《蘭亭序》國際研討會」的論文。《蘭亭論集》把《蘭亭序》作爲一種文化現象來看待，是對以往所有《蘭亭》研究的重大超越，收錄諸多海外《蘭亭》研究成果，具有相當高的學術價值。旅美學者白謙愼、美國學者李慧聞、錢南秀、韓文彬、臺灣學者何傳馨等對《蘭亭》的研究視角獨特，新見迭出。

0.2　本文的關注點和研究方法

　　著名德國接受美學家堯斯於上個世紀六十年代最先提出以接受美學爲基礎建立一種轉向讀者的文學史的研究方法。在「作品——作家——世界——讀者」的四重維度中，改變了原先以作家和作品爲中心的研究視角，而將關注的目光集中於「讀者」這一重要因素之上，開創了文學研究的新視界。作品通過讀者的閱讀過程，進入連續性變化的經驗視野，發生著從簡單接受到批評性理解，從被動接受到主動接受，從一般性審美認識到超越性認識的轉化，從而實現了以讀者爲核心的藝術接受。這一理論自產生之後在國內外產生很大反響，大量成果應運而生。近幾年，在國內文學研究領域中廣爲借鑒，在藝術學研究中也有個別嘗試，但在書學領域尚無人問津。

　　《蘭亭序》作爲與唐之後書法史相始終的重要的書法作品，雖然其眞僞問題在學界尚無定論，還存在著各種各樣的看法與爭論，然而不管其眞僞怎樣，自唐代之後不斷被後人臨摹和闡述的事實卻已然存在，而且這種接受現象已成爲中國書法史上一個極爲突出的個案。於是借用西學爲我所用，給古典書學研究注入新的理論視角和問題意識，借對《蘭亭》接受問題的討論而對重要書家、書學觀點做出重新梳理，對我們研究古代書法史、書法理論都將是積極而有益的。同時，通過對《蘭亭》接受現象的深入分析，可以引發對藝術接受行爲本身的反思，即在藝術接受的過程中，除了受到藝術本體的風格學影響之外，還涉及到很多其他的社會因素和文化因素。有鑒於此，對我們當今書法學習的取法問題就提出了新的思考：我們應該如何對待傳統，應該繼承怎樣的經典，這些都是目前書學研究和書法創作中正在面臨並亟待解決的問題。

　　本文的研究方法以「內在理路」〔註1〕和「外緣式」探討相互結合，即注重書法個案的本體研究和貫穿型的縱向歷史的周邊研究的有機統一。本文更加注重《蘭亭》本身，因爲任何一種容易被接受的作品必須是雙向的。(1)作品自身必須能夠滿足接受者的某種「期待視野」〔註2〕，才有可能成爲經典。而經典的魅力往往在於作品具備一種達到原型性質的力量或穿透力。(2)接受

〔註1〕　參閱余英時：《論戴震與章學誠》，北京：三聯書店，2002年，增訂本自序，第2頁。

〔註2〕　參閱〔德〕姚斯：《文學史向文學理論的挑戰》，載入蔣孔陽：《二十世紀西方美學名著選》，上海：復旦大學出版社，1987年。

者在作品「召喚結構」〔註3〕的引領下，對其進行再次創作，當作品由「本文」變爲「文本」時，作品的「初始視閾」和「現今視閾」〔註4〕產生融合，新的作品由此產生。所謂「原型」，指希臘的「最初的形式」或「原始的形式」之意。後來柏拉圖將這些概念用來指事物的理念本原時就是「原始模型」或「民話雛形」。而書法藝術的原型一方面是指以點線和方塊結構爲原型的「文本原型」，另一方面是指人類心理學上關於書法藝術創造的原型區域。它包括普遍藝術衝動（集體無意識）和個體特性（個體無意識）的藝術表達的「人本原型」〔註5〕。因此在眾多的書法作品中找到一個「基準作品」〔註6〕，即具有「原型性」指向的作品，它兼具書法藝術「文本原型」和「人本原型」的雙重使命，就變得十分重要。我們的目光最終指向了《蘭亭》。《蘭亭》所具備的內在的最偉大的原型力就是千百年來國人之人格夢想和書法審美夢想的綜合體現。換而言之，國人之人格夢想和書法審美夢想不期而造就了《蘭亭》成爲典範的事實。於是《蘭亭》經歷著不斷被闡釋、不斷被「生成」的過程，不同的接受行爲不斷賦予它以新的生命。

　　從「文本原型」而言，《蘭亭》所呈現的基本事實就是對行書以楷書化的筆法來完成的。眾所周知，楷書和行書這兩種書體自魏晉定型以後就再也沒有改變過，無論書家以哪種書寫形式表現，都不可能在原則上改變所屬書體的用筆和結字的基本規律。《蘭亭》之所以在這兩者兼而有之的書寫中成爲審美的最高典範，其原因就在於它是前所未有的，或者說把那樣的用筆和那樣的結字融於一爐而又形成了明確特徵的只有《蘭亭》。具體而言，《蘭亭》總體特徵「使大於轉」、「動大於靜」，就這個意義而言，《蘭亭》徹底改變了漢魏以來人文世界中「大樸大拙」、「自然無素」的審美理念，當「流美」這種在「易變」或「大動」中求得統一的更高的審美境界出現之時，《蘭亭》作爲里程碑式的出現，無論怎麼被人認可，無論怎樣的廣爲接受都是毫不過分的。從「人本原型」而言，王羲之以及所有魏晉文士的人格魅力構築了文人士大

〔註3〕　參閱〔德〕伊瑟爾：《閱讀活動——審美反應理論》，金元浦、周寧譯，北京：中國社會科學出版社，1991年。

〔註4〕　「初始視閾」、「現今視閾」和「視閾融合」諸術語參閱〔德〕伽達默爾：《眞理與方法》，洪漢鼎譯，上海：上海譯文出版社，1999年。

〔註5〕　參閱微末：《書法原境論》，北京：國際華文出版社，2002年，第15～28頁。

〔註6〕　關於「基準作品」，參閱貢布里希《論風格》和《規範與形式》兩文，見於《藝術與人文科學》，杭州：浙江攝影出版社，1989年。

夫精神世界中牢不可撼的「魏晉情結」，他們達生適情的應世思想，以儒爲體，釋道爲用的生命情調，超然物外、淡然處世的曠達胸襟成爲後世文人精神追求的最高旨歸。與文人士大夫的「心向而往之」比照，《蘭亭》又受到唐太宗及其後的諸多帝王的認可，當政治力量加諸《蘭亭》之後，它就再也無法擺脫「不平凡」的命運，在儒家正統文化的備加親睞下，《蘭亭》的接受與古代社會史、政治史、君臣關係、官制關係、藝術趣味與社會之關係等方面的內容的具有不解之緣。故而，在「儒道互補」的中國古代思想史的漫長之旅中，《蘭亭》的接受不再囿於書法本體的承傳與創新，同時折射出大文化背景觀照下的多層意蘊。

第 1 章 　《蘭亭》文本

1.1 東晉精神與《蘭亭》眞賞

1.1.1 晉人風度與時代書風

　　把時間的指針撥到悠遠的東晉，讓歷史的記憶掀開泛黃的篇章，回顧東晉百年來的士風和書風，探究晉人風度和書法藝術的相互關係，雖不是微微千言可以詮釋，但對於深入解讀《蘭亭》卻是不可或缺的理論準備。

　　宗白華曾言：「漢末魏晉六朝是中國政治上最混亂、社會上最痛苦的時代，卻是精神史上極自由、極解放，最富於智慧、最濃於熱情的時代。因此也就是最富有藝術精神的時代。」〔註1〕「藝術的自覺」就誕生於斯。魯迅亦說：「曹丕的一個時代可說是文學的自覺時代，或如近代所說，是爲藝術而藝術的一派。」〔註2〕所謂「藝術的自覺」是指藝術的內在覺醒，藝術不再囿於儒家詩教傳統「成教化，美人倫」的政治理念的支配，而是走向以藝術本體爲第一要義的獨立自在的發展，即藝術借助自身的力，把自己展開。中國藝術之所以會在魏晉時代發生顯著又深刻的轉變，根源於漢晉之際士大夫群體和個體的自覺，以及魏晉玄學思想的發軔〔註3〕。

〔註1〕　宗白華：《論〈世說新語〉和晉人的美》，載入《藝境》，上海：上海人民出版社，1987年，第126頁。

〔註2〕　魯迅：《魏晉風度及文章與藥及酒之關係》，載入《而已集》，北京：人民文學出版社，1973年，第123頁。

〔註3〕　余英時：《漢晉之際士之新自覺與新思潮》，載入《士與中國文化》，上海：上海人民出版社，2003年，第225頁。

具體而言，經歷漢末、魏及西晉的政治動蕩和戰亂頻仍，「永嘉之亂」後，有晉東遷，西元 317 年，司馬睿在建康稱王，建立偏安於江南的政權，史稱東晉。新生的江左政權處於不安定的狀態，一方面北方強大的胡族勢力對其構成威壓，另一方面南方舊有勢力的反抗和南渡後北人內部的叛亂都使這個新生的政權搖搖欲墜。內憂外患之時，司馬睿既無威望，又無實力，本不具備在江左運轉皇權的條件，然而「中原冠帶，隨晉渡江者百家」〔註4〕，門閥士族成爲司馬睿統治的主要支柱。所謂「門閥制度」，是封建等級制中的一種特殊形式，也可稱爲閥閱世家。按舊時制度，在門高第闊的顯赫人家門前立有兩根柱子，左邊曰「閥」，右邊曰「閱」，以示家族榮耀。其雛形源自東漢，興於魏、西晉，鼎盛於東晉。門閥制度密切相關的人才選拔制度「九品中正制」，產生於曹魏時期，最初是以客觀品第、相容人才爲出發點。後來由於門第間的保護意識，以及占田制、蔭客制等制度的規定，顯貴之家在政治上、經濟上獲得了極大的特權，據《晉書·段灼傳》記載，「臺閣選舉，徒塞耳目；九品訪人，唯問中正。故據上品者，非公侯之子孫，則當途之昆弟也」，最終還是形成了「上品無寒門，下品無勢族」的格局。司馬氏南渡後，與士族相互依靠，形成司馬與王、庾、桓、謝共天下的局面。因而在東晉，世家大族執政治之牛耳〔註5〕。「晉主雖有南面之尊，無總御之實」〔註6〕，縱然享有崇高的名義，卻只是徒有其名，大權旁落在門閥世族手中，形成了「朝權國命，遞迴宰輔；君道雖存，主威久謝」〔註7〕的局面。同時，門閥世族以強大的私有莊園經濟爲基礎，創造了大量的社會財富，對南方經濟的發展起到推動作用，這爲其政治的發展提供有利後盾。當政治和經濟的大權牢牢掌握在門閥世族手中，他們的思想信仰與藝術追求自然而然地左右了東晉文化的發展。田餘慶說：「士族的形成，文化特徵是必要的條件之一。非儒非玄而純以武幹居官的家族，罕有被視作士族者。」〔註8〕的確，東晉士族不僅是政治、經濟集團的代表，也是傑出的文化集團。

〔註4〕 《北齊書》卷四十五《顏之推傳》《觀我生賦》自注。

〔註5〕 對此需要解說：東晉前期，元、明、成三帝執政時，由王導、王敦輔政，當成、康二帝時，庾亮、庾冰在朝掌權，王氏勢力衰微，中期穆帝登位，桓溫、桓豁、桓沖取代了庾氏家族的勢力，歷穆、哀、廢、簡四帝，孝武帝時，擢謝安執政，安帝時，桓玄執政。可見貫穿東晉，大權旁落門閥世家手中。

〔註6〕 《晉書》卷一一七《姚興載記》。

〔註7〕 〔梁〕沈約：《宋書·武帝紀》，北京：中華書局，1974 年。

〔註8〕 田餘慶：《東晉門閥政治》，北京：北京大學出版社，1991 年，第 353 頁。

　　東晉初年，由於政權的偏安，南北生活環境的改變，南遷世族的生活方式和心態隨之發生變化。南渡初期，士大夫都懷有家國之痛，黍離之悲，淒涼惘然的心情，自在情理之中。《世說新語・言語》中記載了衛玠渡江時的複雜心緒，「衛洗馬初欲渡江，形神慘悴，語左右云：『見此茫茫，不覺百感交集。苟未免有情，亦復誰能遣此！』」於是出現了像劉琨和祖逖這樣的「聞雞起舞」、「枕戈待旦」的士子，他們積極努力蓄勢待發，整戎北上。官方也做出了興修儒學的舉措，司馬睿政權初建時，王導就提出「夫風化之本在於正人倫，人倫之正存乎設庠序，庠序設，五教明，德禮洽通，彝倫攸敘，而有恥且格，父子、兄弟、夫婦、長幼之序順，而君臣之義固矣。《易》所謂：『正家而天下定者也』」〔註 9〕。然而恢復中原的豪情壯志、還我河山的一腔熱忱隨著士大夫對南遷生活的適應而逐漸減弱，士人所關心的問題，由重視政治走向重視個人精神。加之西晉末年的談玄之風並沒有銷聲匿跡，復興儒教的成果並不明顯。「元帝運鍾百六，光啓中興，賀、荀、刁、杜諸賢並稽古博文，財成禮度。雖尊儒勸學亟降於綸言，東序西膠未聞於弦誦」〔註 10〕；「世尚老莊，莫肯用心儒訓」〔註 11〕，出現了玄儒雙修的現象。

　　所謂「玄學」，魏晉時期清談家稱《老子》、《莊子》和《周易》相結合的學說為三玄之學。「玄」字出自老子《道德經》「玄之又玄，眾妙之門」，言道幽深微妙。「玄」字的本義是一種深赤而近黑的顏色，許慎《說文解字》釋「玄」為：「幽遠也」。玄學的產生從學術思想的發展中來說，源於士大夫對兩漢經學繁瑣章句的刪繁就簡，從重章句轉向重義理。馮友蘭認為：「玄學的辯名析理完全是抽象思維，從這一方面說，魏晉玄學是對兩漢哲學的一種革命。……在中國哲學史中，魏晉玄學是中華民族抽象思維的空前的發展。」〔註 12〕湯用彤亦認為，漢代哲學是宇宙論，魏晉玄學是本體論。他指出「然談玄者，東漢之與魏晉，固有根本之不同。」魏晉玄學「已不復拘拘於宇宙運行之外用，進而論天地萬物之本體。漢代寓天道於物理。魏晉黜天道而究本體，以寡御眾，而歸於玄極。」〔註 13〕從何晏、王弼、阮籍、嵇康、郭象、張湛等哲學家的自然觀入手，可以看出，「老莊等先秦哲學以及漢代的宇

〔註 9〕　〔唐〕房玄齡：《晉書・王導傳》，北京：中華書局，1974 年。

〔註 10〕　〔唐〕房玄齡：《晉書・儒林傳序》，北京：中華書局，1974 年。

〔註 11〕　〔唐〕房玄齡：《晉書・成帝紀》，北京：中華書局，1974 年。

〔註 12〕　馮友蘭：《中國哲學史新編》（第 4 冊），人民出版社，1992 年版，第 44 頁。

〔註 13〕　湯用彤：《湯用彤學術論文集》，中華書局，1983 年版，第 233 頁。

宙論，到魏晉哲學本體論的轉變，表現在自然觀上，就是把對於自然之理的根源性考察，從超自然的造物主以及宇宙創生的普遍法則（道），轉入到自然事物本身的生成、發展及死亡的法則的考察。」〔註14〕可見，魏晉是中國思想史的重要變革期，是宇宙論向本體論的由外部思考向內在心性的轉折期。另一方面，經學的繁文縟節嚴重禁錮了思想的發展，士大夫需要尋找新的途徑達到心靈的訴求，由「清議」轉化而來的「清談」之風〔註15〕，成就士人醉心於人與社會、人與自然關係等問題的形上思考。「自然」和「名教」是玄學中的重要概念，其相互關係本文不加詳述，單就東晉而言，據陳寅恪《陶淵明之思想與清談之關係》所言「嘗遍檢此時代文字之傳於今者，然後知即在東晉，其實清談已無政治上之實際性，但凡號稱名士者其出口下筆不無涉及自然與名教二者同異之問題」〔註16〕，即體現爲名教與自然合一的模式。錢志熙在《魏晉詩歌藝術原論》一書中亦指出：「東晉門閥世族的名教自然合一的人格，重在由名教的精神去理解自然人格的含義，並從自然人格中體現出他們的心目中的名教精神。」〔註17〕簡言之，就是一種玄儒雙修的品格，即「非惟風流，兼有爲政之實」〔註18〕。這一思想模式對於士大夫的人格踐履起到了非常重要的影響，同時也爲他們的藝術創作注入了「體玄」的樂趣，帶來生活方式的改變，他們談玄論道，「俗好清談，風流相扇，志輕軒冕，情騖皐壤，機務不以經心，翰墨於是假手，或品極於峰杪，或賞析於豪芒」〔註19〕。於是在虛玄的心境中澄懷味道，遊心藝術，追求純自然、純形式的美感成爲魏晉文人士大夫的共同審美旨歸。另一方面，魏晉思想家的「自然觀」，對於審美自覺的揭示功莫大焉。無論從王弼的「聖人有情」說，還是郭象的「適性逍遙」、「率性自然」論，乃至張湛「與物並遊」論，昭昭明示中國審美主體的哲學建構。的確，「晉人向外發現了自然，向內發現了自己的深情。山水虛靈化了，也情致化了」。〔註20〕由此我們看到了

〔註14〕 章啓群：〈魏晉玄學與中國藝術的自覺〉，《哲學門》，2002 年第 2 期，第 10 頁。

〔註15〕 玄學的濫觴在漢末表現爲「清議」，魏晉時期則又表現爲「清談」。

〔註16〕 陳寅恪：《陳寅恪史學論文選集》，上海：上海古籍出版社，1992 年，第 125 頁。

〔註17〕 錢志熙：《魏晉詩歌藝術原論》，北京：北京大學出版社，1991 年，第 340 頁。

〔註18〕 〔唐〕房玄齡：《晉書·庾亮傳》，北京：中華書局，1974 年。

〔註19〕 馬宗霍：《書林藻鑒》，北京：文物出版社，1984 年，第 225 頁。

〔註20〕 宗白華：《美學散步》，第 183 頁。

「乘興而行，興盡而返」〔註 21〕的王徽之；「率意獨駕，不由路徑，車迹所窮，輒痛哭而反」的阮籍；和一曲廣陵散？？。那種自由和率眞，毫無遮掩，毫不做作，是情感的眞實表達，是人性的自在流露。這樣天眞自然爛漫的情懷爲新的藝術形式的誕生注入了活潑潑的審美因素。同時，有晉東遷，文化的重心第一次從黃河流域遷移到長江流域，大幅度地提升了南方文化的水準。北方士族爲南方帶去了先進的生產方式，而南方的靈山秀水、文學藝術滋養了南遷的北人，南北文化的融合和交流有利於促成新的藝術形式的產生。

書法這種「『線的藝術』高度集中化純粹化的藝術，爲中國所獨有。這也是由魏晉開始自覺的」〔註 22〕。如果說西漢書法完成了篆書向隸書的過渡與轉型，呈現出一派千姿百態的氣象，那麼時至東漢，標準化、定型化、官制化的漢隸就已定型。字體扁方、結體整齊的成熟漢隸契合了實用中的需求，成爲官方文字的代言。而與正體隸書並行，爲應急而書寫的草寫文字，也同時得到人們的認可。趙壹《非草書》記載書家們對「上非天象所垂，下非河洛所吐，中非聖人所造」的草書的由衷喜愛與癡迷之情，他們「專用爲務，鑽堅仰高，忘其疲勞，夕惕不息，仄不暇食。十月一筆，月數丸墨，領袖如皁，唇齒常黑……」可見書法的藝術性在東漢末年已經得到士大夫的首肯。與前文所述士大夫的自覺相關，書法藝術的自覺和士人的自覺有著極爲密切的關係。余英時認爲「書法之藝術化起於東漢而尤盛於其季世，在時間上實與士大夫自覺之發展過程完全吻合，謂二者之間必有相當之連貫性，則或不致甚遠於事實也。嘗試論之，東漢中葉以後士大夫之個體自覺既隨政治、社會、經濟各方面之發展而日趨成熟，而多數士大夫個人生活之優閒，又使彼等能逐漸減淡其對政治之興趣與大群體之意識，轉求自我內在人生之享受，文學之獨立，音樂之修養，自然之欣賞，與書法之美化遂得平流並進，成爲寄託性情之所在。」〔註 23〕然而，《非草書》中所言「草書」，應和今草尚有差距，因爲隸書向草書的演化是一個繁複、交疊的過程。東漢末年的草書可能來自兩種途徑：秦隸的草化，或漢隸的草化。

魏晉之際，書法承漢末繼續發展，一方面在書體上趨於完備，楷書、草

〔註 21〕 《世說新語‧任誕》。
〔註 22〕 李澤厚：《美的歷程》，合肥：安徽文藝出版社，1999 年，第 104 頁。
〔註 23〕 余英時：《士與中國文化》，上海：上海人民出版社，2003 年，第 301 頁。

書、行書的出現使新舊書體並存；另一方面書法的形式美感越來越受到人們的重視，鍾繇「用筆說」就是明證，其間對筆法的認可達到了前所未有的程度；再次，書寫群體從漢代平民和徒隸變爲貴族，書法家的名字開始正式載入史冊。書寫者素養的提升對書法風格的氣質性變化起到良好的促進作用。曹魏書法，以「幽深無際，古雅有餘」〔註24〕的鍾繇書法爲翹楚。他改變隸書中「橫」、「捺」和「蠶頭燕尾」的用筆方法，使其定型化爲平正與圓潤的收筆；字形結體也由扁方而漸趨方正。《宣示表》、《薦季直表》中仍可隱約見出隸法的影響，其字體結構扁平，有輕微捺腳，但波磔、挑尾已經消失，跳出隸法，是漢隸向楷書過渡的決定性的一步。其代表作《賀捷表》，被《宣和書譜》稱讚爲「備盡法度，爲正書之祖」，是較爲完備的正書作品。同時，鍾繇亦寫行押書，即「相聞書」〔註25〕，這是一種「介於草書和正體之間的流暢書體」〔註26〕。

　　相繼曹魏之後的西晉書法，據劉濤統計，當時書家擅長書體的排名，依次是「草書（24人）、行書（12人）、隸書（眞楷6人）和篆書（4人）」〔註27〕。可見，新體書法中的草書、行書已經逐漸引導時代的風尚，然而問題的關鍵在於西晉的「行書」、「草書」是否是當今語境中的行、草書呢？以西晉書家代表衛瓘和索靖而論，「瓘與索靖俱善草書，時人號稱『一臺二妙』。漢末張芝善草書，論者謂瓘得伯英筋，靖得伯英肉」〔註28〕；又《晉書·索靖傳》記載：「靖與尚書令衛瓘具以善草書知名，武帝愛之。瓘筆勝靖，然有楷法，遠不能及靖。」雖被譽爲「一臺二妙」，但衛瓘和索靖風格不同，各有所長，他們所擅長的草書是不同的草體。具體而論，索靖善長的章草，是當時人們熟悉的書體，故而效法者多；衛瓘善寫「槁書」，「放手流變過索，而法則不如之（靖）」〔註29〕，在當時的影響不及索靖。然而「槁書」

〔註24〕　〔唐〕張懷瓘：《書斷》，載入張彥遠：《法書要錄》，北京：人民美術出版社，1984年。

〔註25〕　〔南朝宋〕羊欣：《採古來能書人名》，載入張彥遠：《法書要錄》，北京：人民美術出版社，1984年。

〔註26〕　張政烺：〈行書〉，《中國大百科全書·語言文字》，北京：中國大百科全書出版社，2004年，第430頁。

〔註27〕　劉濤：《中國書法史·魏晉卷》，南京：江蘇教育出版社，1999年，第143頁。

〔註28〕　〔唐〕房玄齡：《晉書·本傳》，北京：中華書局，1974年。

〔註29〕　〔唐〕張懷瓘：《書斷》，載入張彥遠：《法書要錄》，北京：人民美術出版社，1984年。

卻對今後書法的發展產生了重要的影響。具體而言，從廣義上講，秦代亦有草書，「昔秦之時，諸侯爭長，簡檄相傳，望烽走驛，以篆、隸之難，不能救速，遂作赴急之書，蓋今草書是也」〔註 30〕，但是從狹義的角度而言，在草隸草化的過程中，出現了「章草」、「槁書」、「今草」等多種草書形態。《書品論·庾肩吾》云：「草勢起於漢時，解散隸法，用以赴急；本因草創之義，故曰草書。」與正體隸書相對的輔體草書在漢代產生，章草為其中的一種形式。然而如《書斷》所說的「章草之書，字字區別」的「章草」，是經過審美提煉後的成熟書體，注重字形的「正規化」和「審美化」。其實，在章草出現的前後，伴有其他的草書形式，尤以「槁書」為主。在書體演變過程中，尚未定型的章草、槁書可能同時出現在歷史的舞臺上，它們互相影響，並不存在絕對的先後關係。關於槁書，《書斷》記載：「王愔云：『槁書者，若草非草，草行之際』者，非也。案：槁亦草也，因草呼槁，正如真正書寫而又塗改，亦謂之草槁，豈必草行之際謂之草耶？蓋取諸渾沌天造草昧之意也，變而為草，法此也。」張懷瓘認為「槁」意為草昧，他把「槁書」的外延擴大，不僅指草行之際的書體。羊欣《古來能書人名》中曰：「（伯玉）採張芝法，以覬法參之，更為草槁。草槁是相聞書也」，草槁當為手箚、尺牘之意。在漢代，槁書可能的形態就是章草的草化、隸書的草化，它是以「縱引」筆勢為特點的，它對橫勢書寫向縱勢轉化提供了可能，字與字之間的聯結得到突出，書寫的時間性凸現出來，「一筆書」應運而生。《書斷》中記載：「伯英學崔、杜之法，溫故知新，因而變之以成今草，轉精其妙，字之體勢一筆而成，偶有不連而血脈不斷，及其連者氣候通其隔行。惟王子敬明其深指，故行首之字往往繼前行之末，世稱一筆書者，起自張伯英。」從「一筆書」到今草的轉變勢在必行。於是將隸書波磔去掉，並把隸書、章草草化的「槁書」的出現成為章草和今草的銜接書體，對「今草」的定型起到了重要的作用。於是，衛瓘的「槁書」代表著西晉書法的新生力量，為東晉書法新體的繁榮悄然拉開序幕。

時至東晉，文化史的篇章掀開了嶄新的一頁，中國書法也迎來了空前盛況的輝煌。近人馬宗霍在《書林藻鑒》中說「書以晉人為最工，亦以晉人為最盛。晉之書，亦猶唐之詩，宋之詞，元之曲，皆所謂一代之尚也」。「晉之

〔註 30〕 〔唐〕張懷瓘：《書斷》，載入張彥遠：《法書要錄》，北京：人民美術出版社，1984 年。

書」的突出成就便是形成了以二王為宗師的書法史上的偉大變革——不僅在書體演變過程中完善了楷書、行書和今草體系；同時又確立了書法審美中妍雅流美的風格範式；並奠定了以二王為首的士大夫書法家的「精英書法」模式。

唐人論東晉書法，「博哉四庾，茂矣六郗，三謝之盛，八王之奇」，「東晉士人互相陶淬，至於王謝之族、郗庾之倫，縱不盡其神奇，咸亦挹其風味」〔註31〕，足以看出書門盛況。北方南渡的書法世家以琅邪王氏、陳郡謝氏、穎川庾氏、高平郗氏為代表，江南以吳郡張氏為著名。東晉書風的變遷隨著時代核心人物的不同而呈現出不同的風貌。初期深受鍾繇、索靖、衛瓘書法影響；中期王羲之引領書壇，王氏改造鍾書的質樸風格，對張芝草書也有所發展，呈現出與西晉書壇迥然不同的「今妍」的境界。東晉後期，進入王獻之的時代，書風更趨向「妍媚」。僅以王氏一門書法為例，王獻之「筆迹流懌，宛轉妍媚」〔註32〕，「雖竭力奔放而仍不失清遠之韻」〔註33〕；王珣書法「瀟灑古淡，東晉風流，宛然在眼」〔註34〕；王僧虔書法，「若溪澗含冰，崗巒被雪，雖甚清肅，而寡於風味」〔註35〕……以俊朗清逸的風格為主要的審美取向。總之，儘管東晉書家薈萃書壇，但真正具有扛鼎之功——「開鑿通津，神模天巧，故能增損古法，裁成今體。進退憲章，耀文含質，推方履度，動必中庸」〔註36〕——仍當數書聖王羲之。羲之諸體皆能，《書斷》列其隸書（即楷書）、行書、章草、飛白、草書為神品，八分為妙品。李嗣真《書後品》評曰：「右軍正體如陰陽四時，寒暑調暢；岩廊宏敞，簪裾肅穆；其聲鳴也則鏗鏘金石，其芬鬱也則氤氳蘭麝，其難徵也則縹緲而已仙，其可覿也則昭彰而在目，可謂書之聖也。若草、行雜體，如清風出袖，明月入懷；瑾

〔註31〕〔唐〕孫過庭：《書譜》，載入《歷代書法論文選》，上海：上海書畫出版社，1979年。

〔註32〕〔南朝宋〕虞和：《論書表》，載入張彥遠：《法書要錄》，北京：人民美術出版社，1984年。

〔註33〕〔清〕吳德旋：《初月樓論書隨筆》，載入《歷代書法論文選》，上海：上海書畫出版社，1979年。

〔註34〕〔明〕董其昌：《畫禪室隨筆》，南京：江蘇教育出版社，2005年。

〔註35〕〔南朝梁〕蕭衍：《古今書人優劣評》，載入《歷代書法論文選》，上海：上海書畫出版社，1979年。

〔註36〕〔唐〕張懷瓘：《書斷》，載入張彥遠：《法書要錄》，北京：人民美術出版社，1984年。

瑜爛而五色，黼繡擿其七采，故使離朱喪明，子期失聽，可謂草之聖也。」簡言之，羲之楷書取式變橫張爲縱斂，端莊勻整，體勢精妙；行書脫盡隸意，欹側取妍，遒媚緊斂，勢巧行密，中側互用，運筆迅疾；草書祖述張芝，效法衛瓘，縱引筆勢，變章爲今，減省筆畫，筆勢連貫、運筆自由。至此，王羲之不僅完成了草、行、楷書的體式定型，也實現了中國書法藝術變質爲妍的重大轉變。

1.1.2　解讀《蘭亭》文化現象

　　晉穆帝永和九年三月修禊之日，眾多文人雅士興會蘭亭妙地，吟詩作賦，曲水流觴。王羲之戛戛獨造，以一篇《蘭亭集序》驚作四方，創作了東晉書法史上的扛鼎之作，也玉成了「天下第一行書」的千年佳話。其實，「蘭亭」現象遠非書法史的視野可以囊括，它在中國文學史、思想史、文化史上都寫下了華彩的篇章，因此，用綜合性的眼光來研究《蘭亭》就顯得非常必要。

　　文人雅集，酬答唱和的歷史在中國源遠流長，從戰國稷下文人相聚、建安鄴下西園之會，到西晉金谷俊遊，再到東晉蘭亭雅集，文人士大夫經歷了一系列的精神變遷和心路歷程。晉穆帝永和年間，正值東晉政權相對穩定的時期，士大夫的心態比較平靜，「會稽有佳山水，名士多居之，謝安未仕時亦居焉。孫綽、李充、許詢、支遁等皆以文義冠世，並築室東土，與羲之同好」〔註37〕，大批著名文士以談玄說理、郊遊養生、詩詞唱和與書畫饋贈爲日常生活。永和九年三月初三故有蘭亭修禊之會。「蘭亭」之名，《水經注》上云：「浙江又東與蘭溪合，湖南有天柱山，湖口有亭號曰蘭亭，亦曰蘭上里。太守王羲之、謝安兄弟數往造焉，吳郡太守謝勗封蘭亭侯，蓋取此亭以爲封號也」。「修禊」乃先秦就有的習俗，《辭源》上解釋「修禊」爲「古代民俗，於農曆三月上旬的巳日（魏以後固定爲三月初三），到水邊嬉遊采蘭，以驅除不祥，稱爲修禊」。蕭穎士曰：「禊，逸禮也，鄭風有之。蓋取勾萌發達，陽景敷照，握方蘭，臨清川，柔和蠲潔，用徽介祉是也」。不過，東晉的蘭亭修禊已和先秦時發生了很大的演變，對此，日本學者小尾郊一在《中國文學中所表現的自然與自然觀》一書中，有詳盡的分析。他認爲，從先秦到漢代再到晉代，「禊」經過了一個宗教性禮儀儀式——宴遊儀式——遊

〔註37〕　〔唐〕房玄齡：《晉書·王羲之傳》，北京：中華書局，1974 年。

樂儀式轉變。到《蘭亭》雅集時，被除不祥的本義已經基本弱化，而成爲文人「流觴曲水」和「暢敘幽情」的聚會。參加蘭亭雅集的文士共有 42 人（另有一說，唐以前的記載爲 41 人），王羲之、謝安、謝萬、孫綽、孫統、徐澧之、華茂、庾蘊、桓偉、郗曇、徐豐之、袁嶠之、釋支道林及羲之子凝之、徽之、蕭之、獻之、操之、渙之等，列坐於流觴曲水之旁，飲酒賦詩，共有三十七首佳作問世〔註38〕。從參加雅集的文士來看，集中了東晉士大夫的核心人物，琅邪王氏、陳郡謝氏、高平郗氏、潁川庾氏四大名門士族，以及南方的孫氏家族，如此規模的文士同題賦詩，在中國文學史上尚屬罕見。仔細品味其吟詠的篇章，藝術水平之高、哲理玄思之深，值得後人稱道。一如李建中所言：「不同作者不同風格的《蘭亭詩》，卻標識著相同的時空（暮春之初，會稽山陰），相同的儀式（修禊事），相同的主題（寄情山水）。《蘭亭詩》的寫作，既是一種藝術活動，更是玄學人格在大自然中的展示。」〔註39〕

　　這是「遊山水──散懷抱」的集會，沉浸在江南暮春的明山秀水中，士大夫在盡情的暢遊：「今我斯遊，神怡心靜」（王肅之）；「嘉賓既臻，相與遊盤」（袁嶠之）；「願與達人遊，解結遨濠梁」（曹華）。自然風光的娛目暢懷，能滌蕩心靈的孤寂，使人忘卻抑鬱而豁然開朗。「消散肆情志，酣暢豁滯憂」（王玄之）；「豁爾累心散，遐想逸民軌」（袁嶠之）；「時來誰不懷？寄散山林間」（曹茂之）。士人對於山水的關注，早在孔子的時代士大夫就有「知者樂山，仁者樂水」的審美體驗，在此，蘭亭的文士們「屢借山水，以化其鬱結。永一日之足，當百年之溢」〔註40〕。因爲山水是「道」的顯現，一山一水，一草一木，都是「道」的承載，一丘一壑，一花一樹，都是「道」的表象，於是山水代表的特有精神就是自然之道，「山水以形媚道，而仁者樂」

〔註38〕 據宋人施宿等撰《會稽志》卷十引《天章碑》：王羲之、謝安、謝萬、孫綽、徐豐之、孫統、王凝之、王肅之、王彬之、王徽之、袁嶠之十一人成四言五言各一首；郗曇、王豐之、華茂、虞友、虞說、魏滂、謝繹、庾蘊、孫嗣、曹茂之、曹華、桓偉、王玄之、王蘊之、王渙之十五人各成一篇；謝瑰、卞迪、丘髦、王獻之、羊模、孔熾、劉密、庾谷、勞夷、後綿、華耆、謝滕、任儗、呂系、呂本、曹禮十六人詩不成，罰酒三巨觥。案，據此，則《蘭亭詩》爲三十七首；逯欽立輯《先秦漢魏晉南北朝詩》，王羲之《蘭亭詩》四言一首，五言五首，多出了四首五言詩，故此《蘭亭詩》實爲四十一首。

〔註39〕 李建中：《魏晉文學與魏晉人格》，武漢：湖北教育出版社，1998年，第116頁。

〔註40〕 〔唐〕歐陽詢：《藝文類聚》卷四，上海：上海古籍出版社，1982年。

〔註41〕，無怪乎王羲之會發出「從山陰道上行，如在鏡中游」〔註42〕的感慨！山水之美，自然之道觸發了士人「寄暢情——品玄理」的情思。「寄暢」是一種方式，也是一種境界，在「寄暢幽情」中，品味大自然的韻律理致，在「玄對山水」中，體會宇宙萬籟的奇妙境界。宇宙萬物生生不息，無窮無盡，雖形形色色，而自與我相親混一。萬物本混一，不必分彭殤。我即自然，自然即我，達到與道同體的境界。於是在「茫茫大造，萬化齊軌。罔悟玄同，競異標旨」（孫統）；「醇醪陶丹府，兀若遊羲唐。萬殊混一理，安復覺彭殤」（謝安）；「馳心域表，寥寥遠邁。理感則一，冥然玄會」（庚友）的感悟中，達到「知死生——求新變」的人生境界。生死問題是漢末以來，人們一直追問的話題。在宇宙時空的漫漫長河中，個我的存在是那麼卑微與渺小，個體存在之有限宛如滄海之一粟，不禁讓人悲從心中來，「感性命之不永，懼凋落之無期」〔註43〕；「慷慨惟平生，俯仰獨悲傷」〔註44〕。相比之下，蘭亭文士的生死觀就要達觀得多，開朗得多，「莊浪濠津，巢步潁湄。冥心眞寄，千載同歸」（王凝之）；「神散宇宙內，形浪濠梁津。寄暢須臾歡，尙想味古人」（虞說）。這是一種「一死生爲虛誕，齊彭殤爲妄作。後之視今，亦尤今之視昔」的「死生亦大」的生死觀念，流露出宇宙般的人生況味和往來天地間的大我情懷。更有甚者，「羲之既去官，與東土人士盡山水之遊，弋釣爲娛。又與道士許邁共修服食，採藥石不遠千里，遍遊東中諸郡，窮諸名山，泛滄海，歎曰：我卒當以樂死」〔註45〕。此種哀樂過人，不同流俗之「情」的表現，苟非晉人，苟非羲之，絕難做到。蓋深於情者，不僅對於宇宙能體會得極深，對於人間的哀樂亦能體驗深入肺腑。既然「死生亦大矣，而不得與之變」〔註46〕，個體生命的安頓惟有在「新變」中不斷追求，「群籟雖參差，適我無非新」，如果時刻都能感受到新變，時刻都有「適我」——使我愉悅、安頓性靈——的體驗，那麼刹那即永恒，有限生命的存在於此也就更加富有了意義，於是天地無時無處不新，心底自然無限寬闊。

　　此時再來讀讀那讓多少文人爲之傾倒的、響徹千古的絕唱——《蘭亭集

〔註41〕　〔南朝宋〕宗炳：《畫山水記》。
〔註42〕　〔宋〕施宿：《會稽志》卷十。
〔註43〕　〔晉〕石崇：《金谷詩序》。
〔註44〕　〔晉〕陸機：《門有車馬客行》。
〔註45〕　〔宋〕施宿：《會稽志》卷十四。
〔註46〕　〔晉〕郭象：《莊子注》卷二。

序》：

> 永和九年，歲在癸丑，暮春之初，會於會稽山陰之蘭亭，修禊事也。
> 群賢畢至，少長咸集，此地有崇山峻領，茂林修竹；又有清流激湍，
> 映帶左右，引以爲流觴曲水。列坐其次，雖無絲竹管弦之盛，一觴
> 一詠，亦足以暢敘幽情。是日也，天朗氣清，惠風和暢；仰觀宇宙
> 之大，俯察品類之盛，所以遊目騁懷，足以極視聽之娛，信可樂也。
> 夫人之相與，俯仰一世，或取諸懷抱，悟言一室之內；或因寄所託，
> 放浪形骸之外。雖趣舍萬殊，靜躁不同，當其欣於所遇，暫得於己，
> 快然自足，不知老之將至。及其所之既倦，情隨事遷，感慨係之矣！
> 嚮之所欣，俯仰之間，以爲陳迹，猶不能不以之興懷，況修短隨化，
> 終期於盡。古人云：「死生亦大矣！」豈不痛哉！每攬昔人興感之由，
> 若合一契，未嘗不臨文嗟悼，不能喻之於懷。固知一死生爲虛誕，
> 齊彭殤爲妄作，後之視今，亦由今之視昔。悲夫！故列敘時人，錄
> 其所述，雖世殊事異，所以興懷，其致一也。後之攬者，亦將有感
> 於斯文。

著名散文《蘭亭序》是「文以書傳」的典型代表，單論文學價值，其清新脫俗之韻、典雅雋永之致堪稱美文。總之，《蘭亭序》和《蘭亭詩》共同傳達了東晉士人的生命情狀，這是一種宅心高遠，不滯於物，崇尚自然，獨標新致的人生理想。

1.2 解讀《蘭亭》著名範本——「神龍本」《蘭亭》

1.2.1 歷代書家眼中的「神龍本」《蘭亭》

一篇《蘭亭》，化身千萬，摹本、臨本無計其數，然而如果單說《蘭亭》而不加特別說明，往往確指「神龍本」，即相傳爲馮承素的雙鉤填廓本。儘管馮摹本在藝術風格上與王羲之傳世行書書迹尚有差異，尚未能達到書法的最高境界，因此由它來承擔「天下第一行書」的美名，不免有「盛名之下，其實難負」的尷尬，但歷來書家對它的認同已深植人心，它已儼然成爲《蘭亭》的代言。

今藏北京故宮博物院的「神龍《蘭亭》」爲紙本，長 69.9 釐米，寬 24.5 釐米，前後兩紙對接，凡二十八行，三百二十四字。卷後歷代題識眾多，其

中有部分乃從別本移配，並非《神龍蘭亭》原跋。對此徐邦達已有詳細論述〔註47〕，從《神龍蘭亭》的原跋來看，讚譽之聲迭起。現擇要摘錄如次：

> 郭天錫跋曰：「右唐賢摹晉右軍《蘭亭宴集敘》，字法秀逸，墨彩豔發，奇麗超絕，動心駭目。此定是唐太宗朝供奉搨書人直弘文館馮承素等奉聖旨於《蘭亭》真迹上雙鈎所摹。……贊曰：神龍天子文皇孫，寶章小璽餘半痕。鸞飛離離舞秦雲，龍驚蕩蕩跳天門。明光宮中春曦溫，玉案卷舒娛至尊。六百餘年今幸存，小臣寧敢比璵璠。」

> 鮮于樞題詩曰：「君家《褉帖》評甲乙，和璧隋珠價相敵。神龍、貞觀若未遠，趙莒馮湯總名迹。主人熊魚兩兼愛，彼短此長俱有得。三百二十有七字，字字龍蛇怒騰擲。嗟予到手眼生障，有數存焉豈人力。吾聞神龍之初《黃庭》、《樂毅》真迹尚無恙，此帖尤為時所惜。況今相去又千載，古帖消磨萬無一。有餘不足貴相通，欲抱奇書求博易。」

> 文嘉題跋曰：「今子京項君以重價購於王氏，遂令人持至吳中，索余題語，因得縱觀，以償夙夜之願。若其摹搨之精，鈎填之妙，信非馮承素諸公不能也。子京好古博雅，精於鑒賞，嗜古人書法如嗜飲食，每得奇書不復論價，故東南名迹多歸之。然所蓄雖多，吾又知其不能出此卷之上也。」

> 項元汴題曰：「神龍珍秘，唐、宋、元、明名公題詠，『漆』字號。唐中宗朝，馮承素奉敕摹晉右軍將軍王羲之《蘭亭褉帖》。明萬曆丁丑孟秋七月，墨林山人項元汴家真賞。」

歷代書家對於「神龍《蘭亭》」的讚譽遠非此，還大量的散見於歷代書論之中，其中雖不免溢美之詞，但也閃爍著真知與灼見，現擇要歷代著名評論列舉如下：

> 岳珂云：「右唐貞觀將仕郎、直弘文館馮承素奉詔摹《修褉帖》真迹一卷。太宗天造翰藝，儲神縑素。蕭翰南駕，辨牘西來。緬觀群臣仁智之情，畢奏從官步趨之技，承素其一也。……想山陰之手澤，未見英姿；聽空谷之足音，詎無喜色。式昭傳緒，以覘前徽。贊曰：

〔註47〕徐邦達：《古書畫偽訛考辨》，南京：江蘇古籍出版社，1984 年，第 57 頁。

猗應龍，蟠九峻。抱驪珠，閱含風。見似人，喜若燈，作者誰，臣姓馮。」〔註48〕

汪砢玉云：「昔人以《蘭亭詩序》爲書家六經，神龍本其壁中苲上物乎？」〔註49〕

朱竹垞云：「評《禊帖》者十九多推定武，獨陳長方謂唐人摹本非定武石刻所能及，是本有『神龍半印』，正唐人摹本也。墨迹存項子京天籟閣，分授其子德弘鋟諸石，康熙壬子夏予購得之。經熙寧元豐諸賢審定，元人賞識略同，比於瘦本差肥，然抑揚得所骨力相稱，假令孫莘老見之，定移入墨妙亭子。」〔註50〕

光暎言：「神龍《蘭亭》吾邑項氏刻石，有項氏印記。今歸潛采堂朱氏，先有刻於烏鎮王氏者，有王氏印記。此二本前後二小半印『神龍』二字，而余又得二本……四本皆佳，尤以半印在中間者爲最，每一展閱其恬靜古穆，非諸刻所及。」〔註51〕

啓功對神龍《蘭亭》讚不絕口：「筆法濃纖得體，流美甜潤，通非其他諸本所能及。」又云：「最見神采，且於原迹中墨色濃淡不同處，亦忠實摹出，在今日所存種種《蘭亭序》中，應推爲最善之本。」〔註52〕

徐邦達讚曰：「本帖行款前後左右映帶，敧斜疏密，錯落有致，通篇打成一片，爲任何摹本中所未曾見到的。」〔註53〕

〔註48〕 〔宋〕岳珂：《寶眞齋法書贊》卷七，景印文淵閣《四庫全書》813 冊，臺北：商務印書館，1986 年。

〔註49〕 〔明〕汪砢玉：《珊瑚網》卷十九，景印文淵閣《四庫全書》812 冊，臺北：商務印書館，1986 年。

〔註50〕 〔清〕朱尊彝《曝書亭集》卷四十八，景印文淵閣《四庫全書》1317 冊，臺北：商務印書館，1986 年。

〔註51〕 〔清〕李光暎《金石文考略》卷三，景印文淵閣《四庫全書》684 冊，臺北：商務印書館，1986 年。

〔註52〕 啓功：《啓功叢稿》，北京：中華書局，2004 年，第 53 頁。

〔註53〕 徐邦達：《古書畫偽訛考辨》，南京：江蘇古籍出版社，1984 年，第 54 頁。

1.2.2 「神龍本」《蘭亭》眞賞

圖 1-1：「神龍本」《蘭亭》

　　以上從文獻著錄中讀到「妙不可言」的神龍《蘭亭》，下文將借助形態學的分析對其進行深入解讀，以探「神龍本」《蘭亭》之眞正面目。

　　董其昌云：「古人論書以章法爲一大事，蓋所謂行間茂密是也。……右軍《蘭亭敍》章法爲古今第一，其字皆映帶而生，或小或大，隨手所如，皆入法則，所以爲神品也。」〔註 54〕書法藝術的章法，又稱「分行布白」、「置陣布勢」，是指安排整幅書法作品中字與字、行與行之間的呼應關係，即繪畫中的「經營位置」。《蘭亭》的謀篇布局非常考究。其字與字的大小參差，寬窄配合；上下呼應，行氣相連；點劃映帶，全脈貫通；粗細變化，錯落有致。行與行時有寬窄，略帶曲折；寬窄相間，曲折互用；相映成趣，變化自然。具體而言，字與字的連接上下貫氣，筆斷意連。如「一觴」、「矣豈」（見圖1-2）的上下組合。前一筆收筆向下一字的起筆處鈎出，形成承上啓下，相互呼應的意態。這自然要比僅在字與字之間用一根細細的牽絲相連，表現得含蓄有味。也有借助字形的傾斜，使上下字自然連成一片，如「引以爲流」（見圖 1-2），「引」、「流」字向左側，「以」、「爲」向右斜；「臨文嗟悼」（見圖1-2），「臨」、「嗟」向右傾，「文」、「悼」向左側。如此，中心始終保持在中軸線上，不但重心沒有偏離，而且增強上下字的連貫，這是在動態中創造的平衡感，所謂「動中之靜」，勢曲態直，富有韻律感。正如清包世臣所說的：「《蘭亭》神理在似奇反正，若斷還連。」〔註 55〕惟其如此，才能渾然天成，整齊

〔註 54〕〔明〕董其昌：《畫禪室隨筆》卷一，南京：江蘇教育出版社，2005 年。
〔註 55〕〔清〕包世臣：《藝舟雙楫》，上海：商務印書館，1935 年。

之中而有變化。從行與行的關係來看，神龍本《蘭亭》由兩紙接成，凡二十八行，前一紙十三行，行款寬鬆；後一紙十五行，行款緊密。每行字數不一，多達十四字（第四行增添二字），少則十字（第二十五行塗去二字），一行之中，一個大字往往占兩個小字的位置。如第一行的「年」字，第四行的「峻」字，所佔位置分列相當於「癸丑」，「崇山」的位置。字形大，字距疏的，往往三個字能占四個字的位置，如第十一行的「與俯仰」佔據位置超過十二行的「一室之內」四個字。行與行間也有疏有密，第一至四行，行距較寬，第四行之後，行距縮小，但仍有疏密變化。第二十六行和二十七行距稍寬，第二十七和二十八行行距較小。總之，《蘭亭》字間、行間的疏密並不均等，採取縱有行，橫無列的形式，首尾呼應有致，體現了「無意於佳乃佳」的自然姿態。

圖 1-2：《蘭亭》字例 1

其次，《蘭亭》字形結構可謂盡善盡美，造型優美，搭配精當。字形無論長短、寬窄、疏密、斜正，都樹立了結構中的最高典範。從造型而言，有的結體呈正方形，給人以方正之感，如「形、修、所、將」（見圖1-2）；有的呈長方形，修長的結體給人以清勁之感，如「蘭、清、修、集、豈、弦、得、

盡、興、察、映、後、列、隨」（見圖 1-2）；也有呈扁形，與上下或左右的長
形字搭配，給人以遒密之感，如「和、況、癸、丑、仰、幽、爲、地、以、
視、也、林、流、人、竹、激、大、今、山、欣、水、化」（見圖 1-2）；還有
的作正三角形或倒三角，給人以險峻之感，如「室、合、老、文、是、亦」，
其中的「亦」字本可寫成圓形，這裡用筆畫借代的方法將「亦」（見圖 1-3）
寫成正三角，「室」本可作長方，用縮短末畫的辦法將「室」（見圖 1-3）寫成
倒三角；有的作梯形，給人以沉著之感，如「或、感、足、茂、彭」；另有作
圓形，給人以圓潤之感，如「懷、每、觴、俯」。

<h3 style="text-align:center">圖 1-3：《蘭亭》字例 2</h3>

　　平衡是字形結體的關鍵。在書法藝術中的平衡是「藝術家爲了使自己表
現的意義清晰明瞭而採取的不可缺少的手段」。如何理解平衡？具體而言，「任
何一種關係，本身都是不平衡的，然而，當把它們放在作品整體結構中的時
候，它們便互相平衡了」〔註 56〕。《蘭亭》的結體充分體現了在動態變化中對
比原則下的平衡。《蘭亭》橫畫多斜，但不管橫畫怎麼傾斜，都能借豎畫保持
平衡，不會產生重心不穩的現象。一字中只有一個豎畫時，或懸針，或垂露，
或帶鈎豎均爲直豎；當豎畫並列時則有直、斜的變化。一字中有一直豎，如
「年、畢、其、帶、有、隨、外、暢、情、事、懷」；一字中兩筆以上的豎畫，
或都保持豎直，使全字顯得穩固，如「間、隨」，或僅有一筆垂直，用以維持
平衡，另一豎稍有變化，如「陳、遷、悼」。平衡的原則還表現在長短、粗細、
疏密、寬窄、高低、向背協調中。長短協調（見圖 1-4）：如「和」，橫畫較長，
呈舒展之勢，撇畫收縮，以讓橫畫；「茂」，斜鈎較長，撇畫讓鈎畫；「作」左
右兩豎，一長一短，豎畫讓豎畫；「後」，末畫改捺爲點，捺畫讓撇畫。粗細
協調（如圖五）：如「群」，上半部分筆粗畫重，下半部筆輕畫纖細，整個字

〔註 56〕　〔美〕阿恩海姆：《藝術與視知覺》，滕守堯譯，北京：中國社會科學出版社，
　　　　1984 年，第 46 頁。

既厚重又空靈。「懷」左半部分筆畫少而粗，右半部分筆畫多而細，整個字既緊密又寬博。疏密協調：「集」上密下疏；「妄」，上疏下密。寬窄協調：「攬」，左半部縮小，以左讓右；「能」右半部縮小，以左讓右。高低協調：「峻」，右半部撇、捺較長，左半部山字旁位置提升；「喻」，左邊「口」旁縮小上陞，右邊愈加擴大，用撇畫延長以托住「口」。向背協調：「臨」，左右相向，呈「( )」型；「懷」，左右相向，呈「( )」型；「悼」，左右相背，呈「) (」型；「作」，左右相背，呈「) (」型。

圖1-4：《蘭亭》字例3

《蘭亭》中多有同字異形現象（見圖 1-5）。二十多個變化各異的經典「之」讓人叫絕，其巧妙之處在於合理恰切地處理了字形和點、捺之間的變化。另外，「以」有七種寫法，似疏實密，似斜實正；「盛」用斜鈎變化，一鈎出，一鈎出不明顯；「不」末畫各異，差別很大；「至」一種點畫撇出，與

圖1-5：《蘭亭》字例4

下相應，短豎傾斜，一種按行楷方式書寫；「為」，筆畫粗細及四點寫法的變化不同；「事」，三種豎鈎寫法不同，第二個「事」，扁口與橫連寫。其他如「矣、隨、殊、俯、死、興、仰、感、欣」都重複出現，此處不作一一分析。

　　再次，馮摹本《蘭亭》筆姿變化多端，流動宛然，正側並用，反覆偃仰（見圖1-5）。清朱和羹《臨池心解》曰：「正鋒取勁，側筆取妍。王羲之書《蘭亭》，取妍處時帶側筆。」《蘭亭》起筆處多使用尖鋒和露鋒，收筆處多採用鈍收和尖收。如「其」、「哉」、「日」、「今」、「世」、「盡」、「少」等字的起筆明顯承引帶之迹；「足」、「大」、「欣」、「殊」、「次」、「趣」、「契」等字收筆處稍頓出鋒，筆鋒厚重銳利。另有破縫處如「歲」、「群」；斷筆處如「仰」、「可」、賊毫處如「暫」字清晰可見，『『暫』字內『斤』字、『足』字轉筆，賊毫隨之，於斫筆處，賊毫直出其中。世之摹本，未嘗有也」〔註57〕摹寫者以精確謹慎的態度忠實表現《褉帖》原貌，可謂煞費苦心。轉折處提按明顯，有明顯的輕重變化，如「也」、「隨」、「曲」、「丑」、「盡」、「湍」、「浪」等字在筆畫的折點處有刻意的提按，與楷書筆法已非常接近。

1.3　《蘭亭》與王羲之傳世行書墨迹比較研究

1.3.1　大王書法與晉人書法比較

　　行書作為一種新型的書體，肇始於東漢，而成熟於東晉。在王羲之行書產生之前，從魏晉時期流傳下來的行書墨迹來看（如果我們深信現在所有魏晉時期流傳下來的行書墨迹尤其是王羲之行書墨迹，都是真迹的話），《李柏文書》是最有價值和代表意義的作品之一。二十世紀初，在古樓蘭的遺址處，發現了很多珍貴的晉代殘紙，《李柏文書》是其中之一。它是一封信箋的三次草稿，共有三張紙，現藏於日本龍谷大學圖書館。據專家考訂，書寫者李柏與王羲之同時代，大約生活在東晉咸和至永和年間（330～350），其所書作品已全然是行書風貌，筆畫提按分明，迴環往復。第一稿，墨色較濃，筆畫較粗重，隸意最多；而第二稿、第三稿的書寫比較隨便，連筆增多，氣勢更加連貫暢達，行書的特點更鮮明。《李柏文書》的出土，為研究東晉時代的書法提供了可靠的實物資料。

〔註57〕徐邦達：《古書畫偽訛考辨》，南京：江蘇古籍出版社，1984年，第55頁。

圖1-6：《李柏文書》

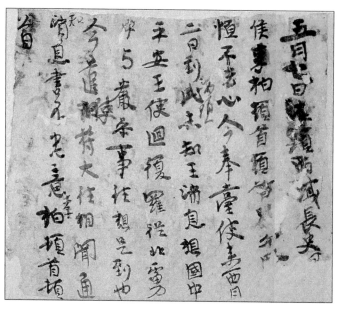

　　李柏所用書體，爲當時社會尚未定型的行書和今草合體書法。用筆飛動，中鋒爲主，方圓兼用，分行布白，參差錯落，其中也還夾雜一些隸書的點畫，有章草餘緒。從《李柏文書》和羲之行書的大部分墨迹比較，前者書寫的較爲輕鬆、草率、質樸，而後者較爲靜穩、精工。(1)如果我們把《李柏文書》的每一根線條從中抽繹出來與大王行書墨迹比較，不難發現，前者線條的運動方向、隨機變化的程度、點線的形狀，都比後者穩定性差。(2)從字的結構和用筆上講，《李柏文書》沒有脫盡隸書的大部分用筆習慣和隸書結字的體勢（最明顯的表現即是橫向和右下方向的用筆及取勢習慣），而在這個特點上，羲之的行書墨迹，除較早的《姨母帖》外，我們幾乎看不到在他的用筆和結字還有隸書的某些特徵。進而言之，《李柏文書》的運筆，因採用了點跳式橫向使轉的用筆方法，故而在書寫的節奏上，容易出現生硬、滯拙，點線間缺乏連貫的韻味，而羲之的行書卻因採用點跳、騰挪綜合的用筆，使得點線節奏流動似水、連綿無斷。(3)從書寫形式來看，《李柏文書》和王羲之流傳下來的行書墨迹，皆出於「槁書」一類，只是前者更加自由而無法度，有粗頭亂服之感，而後者，文多於質，較爲理性，更多地參與了書寫者的審美動機。從以上三個方面的粗略比較來看，《李柏文書》或者更多地如同《李柏文書》的早期行書書迹，在魏晉書法史的長河中儘管也閃出些許光芒，但它們充其

量僅像傳遞火把的中介一樣一閃而過，而王羲之書法「力兼衆美、會成一家」〔註58〕訂立新的書寫法則：減去隸書筆意，體勢易扁爲縱，用筆連貫和挺勁，形成「清勁妍美，遒潤暢達」的嶄新面貌。正如唐蔡希綜《法書論》中所說：「晉世右軍，特出不羣，穎悟斯道，乃除繁就省，創立制度，謂之新草。」王羲之變法而成「新體」，使行書書體趨向完善，也使行書創作進入一個全新的階段。

1.3.2　《蘭亭》與大王行書書迹的比較

「書聖」王羲之的書法藝術代表中國書法尤其是帖學一脈的最高成就，千百年來爲後人頂禮膜拜和學習效法。然而由於戰亂頻仍，朝代更替，雖然羲之一生創作頗豐，但時至今日，存世書迹乃是以眞迹爲藍本的唐代鈎摹塡廓本〔註59〕。以下筆者將要考察《蘭亭序》和王羲之傳世行書書迹（以《姨母帖》、《喪亂帖》、《二謝帖》、《得示帖》、《平安帖》和《聖教序》爲主）的異同之處，並由此找出深藏於羲之書法中的原型元素。

首先，在王羲之諸帖中，《姨母帖》〔註60〕（見圖 1-7）是個特例。這個《萬歲通天帖》中的第一帖，與大王諸帖有明顯差異，讓我們難以理解它們同出於一人之手。從整體上看，此帖以古樸的風貌爲主，殊少遒美俊逸之姿，通篇楷意多於行意，在點線用筆上，顯得遲緩而穩健；在結體上橫勢（肥）爲主，間有縱勢（瘦），正處於今古轉化的階段，因爲古肥今瘦是行草書在成熟過程中風格變化的一個重要標誌〔註61〕。具體分析《姨母帖》：（1）「藏」

〔註58〕〔清〕宋曹《論草書》，《續修四庫全書》1065 卷，上海：上海古籍出版社，1995 年。

〔註59〕我們遇到這樣的難題：傳世大王書迹乃是唐代鈎摹本，它們是否能夠眞實呈現羲之書法？傳統觀念認爲，它們是唐代摹本，其間不可避免會參入鈎摹者的筆意，但在眞迹缺乏的情況下，它們較好地保留了大王的筆意，已是現存的已發現的最好的藍本。

〔註60〕關於《姨母帖》中「姨母」是誰，何時書寫，它在王羲之書法中的地位如何等問題，王玉池在《〈姨母帖〉若干問題的假定》一文中詳細論證，王玉池推測姨母爲衛夫人，該帖的創作時間是衛夫人去世的永和五年，它是王羲之「中年向晚年過渡，也是成熟的舊體向新體過渡時期的作品」，這一創作時間恰與《李柏文書》相近。但是，通常書法史家卻認爲《姨母帖》是王羲之最早的行書墨迹。較之於王羲之的其他行書而言，它更接近於那些早於它的魏晉早期行書書迹。

〔註61〕梁武帝在《觀鍾繇書法十二意》中説：「元常謂之古肥，子敬謂之今瘦，今古既殊，肥瘦頗反。」

多於「露」，藏鋒的反覆運用極大延遲了書寫的速度和連貫性。如「一」、「三」、「義」、「頓首」、「頃」、「自」等字的藏鋒用筆加強了畫面的穩定感。(2)「使」多於「轉」，直線多於曲線，如「義」（第二個）、「情」、「剝」、「之」等，整幅四十多字，幾乎百分之九十的字都是「使」多於「轉」。(3)「點」與「面」的結合。《姨母帖》於細微處不乏變化，如「自」兩短橫，上長下短，故意造險，羲之富於才情的一面難以掩藏。然而，局部的靈動，只爲全篇的沈穩注入些許活躍的因素，而不能改變整體的風貌。「一」、「十」、「三」、「痛」等厚重有力極爲搶眼的橫畫，雖無波磔，把人們的視覺帶進一種橫向牽制的感覺之中。除了以橫畫來拉展體勢外，整篇四十餘字絕大多數都取扁平結體，即使像兩個「奈何」的連筆書寫，仍是在樸拙的基調中加以變化，沒有刻意誇張，或縱勢拉長。又如「十一月」、「義」（第一個）、「頓首」（第二個）、「頃」注重塊面的使用，給人一種平實而厚重的美感。整篇章法，首兩行字大且重，三、四兩行，較爲順暢，最後一行又趨於凝重。

圖 1-7：《姨母帖》

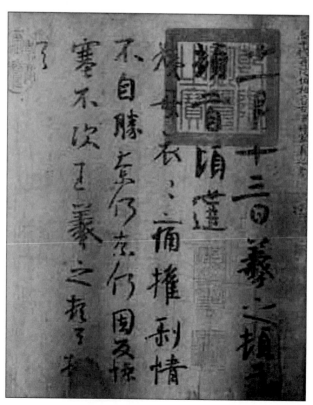

從以上分析來看，作為行書的《姨母帖》，因其依然存有魏晉早期隸意和楷書中某些難以逾越的點線用筆習慣，所以，它所呈現給我們的視覺理念就是王羲之此時的行書並沒有顯現出魏晉士人玄遠、清逸的尚「韻」主流，換句話說，這樣的書法仍然遵循著「大同」的心態和審美意志，仍然沒有超越「大樸之美」的審美理念。從這個意義上講《姨母帖》在王羲之的行書墨海裏，如同一塊記載著他年輕時夢幻的碑誄，把他永遠地與後來隔斷了。簡而言之，《姨母帖》象徵著王羲之的過去，而真正的羲之風度也將是從「姨母」這個句號開始的。

《姨母》與《蘭亭》的不同不證自明。以下討論「神龍本」《蘭亭》與王書手箚〔註62〕有著怎樣的關係，不難發現它們之間有如下共同特徵：

1. 用筆「露」多於「藏」。這一點恰好與《姨母帖》相反。在「露」勝於「藏」的用筆變革中，《蘭亭》是最高的典範。從「永」字開始到最後一個「文」字，無論是橫向入筆、縱向入筆或橫向縱入及縱向橫入，基本上都採用了露鋒入筆的筆法，其最顯著的特徵就是毛筆在進入每一字的筆劃之前，皆有一入筆時自然形成的「鋒尖」，並且因其筆畫的取勢方向不同而出現不同的形狀。在此，我們沒有必要從《蘭亭》中逐個去尋找這樣的痕跡，因為幾乎每一個字的入筆都清晰可見如此情形。在王書手箚中的露鋒用筆儘管沒有像《蘭亭》那樣搶眼，但它們也像《蘭亭》一樣，在入筆處形成露鋒入筆所特有的點線形狀。如《喪亂》（見圖 1-8）的「深」、「復」、「修」；《二謝》的「佳」，《得示》的「得」，及《平安》（見圖 1-8）的「百」、「想」等字。

2. 用筆「轉」多於「使」〔註63〕。從王書手箚來看，它們給人帶來的視覺流動感，皆比《蘭亭》更勝。其主要原因在於，它們多參以草書的筆法，而《蘭亭》則多參以楷書的筆法。儘管如此，它們依然在各自的行筆流動中，體現著類似的書寫習慣。單就《蘭亭》來看，大王在書寫的整個過程中，除少數字形因其固有的筆畫（如橫向、右下方向）特徵體現王書運用「使」的特點外，其他字形則不明顯。例如：其中諸多的「一」，「大」、「又」、「夫人

〔註62〕 為了行文的方便，筆者把《喪亂帖》、《得示帖》、《孔侍中帖》、《平安帖》、《二謝帖》等傳本墨迹統稱為王書手箚，非單獨舉例時將不再一一把單帖名字寫出。

〔註63〕 所謂「使」、「轉」，孫過庭《書譜》云：「使，謂縱橫牽掣之類是也；轉，謂鉤環盤紆之類是也」。

圖 1-8：《喪亂帖》和《平安帖》

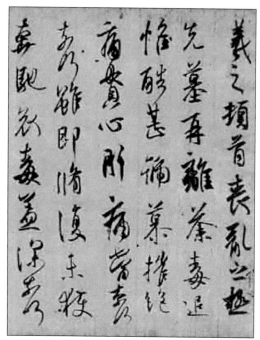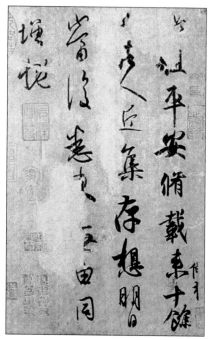

之相與」的「夫」、「人」二字的右下兩畫，從中我們領略到較爲明確的由「使」用筆帶來的直線形狀，在整個篇幅中具有分割我們的視覺作用，從而使得整體筆意的流動不如王書手箚明顯。如此以來，我們很容易產生以下的審美反應。其一，在羲之行書傳世墨迹中，沒有哪部作品在起筆使用露鋒上有比《蘭亭》更甚的。而這也帶來一種矛盾：由於《蘭亭》多採用楷書筆法和結體，如此在動靜之間形成極大的反差，即以較爲流動、快速的露鋒筆法去書寫相對靜穩的楷行結構，這不啻爲一種無奈的尷尬，它使《蘭亭》遊移在行書和楷書的兩難選擇中。其二，《蘭亭》的特殊性還在於，它是眾多的羲之行書墨迹中，唯一一個既逃離隸書筆意，又能保持楷書筆法且「轉」多於「使」的特殊墨迹。正是這種特殊性，使其有意無意而成爲了劃時代的象徵。如果說《姨母帖》因其依然存有大樸書風而無法明確凸現，如果說二書手箚因爲行意太甚而具有了行草的品性，那麼《蘭亭》則在其間充當了一種中介。換言之，《蘭亭》不期劃分了「拙美」和「流美」兩大審美視野，它如同一種宗教象徵——在它身上既能流露人性，又能彰顯神性，既有魏晉以來傳統遺留下來的「質樸」之意，又有開啓嶄新書體的「流逸」之功。

　　3.《蘭亭》模式形成了較爲習慣或成熟的「線」的樣式。以「捺」或者右下方向筆畫的獨特風格爲例，如《蘭亭》中的「暮」、「春」、「會」、「陰」、「天」、「之」、「夫」、「迹」、「人」、「文」等字，在這些筆畫中採用了較爲拙樸的「反捺」，而在其他行書除《何如帖》的「遲」、「奉」中的「捺」，較接近《蘭亭》的風格外，王書手箚等因草書筆意大甚，無法在那麼快速的使轉中使用「反捺」這樣複雜且增加用筆動作的筆畫，故此將原本用「捺」的右下方向的筆勢，改爲「順筆長點」，如《平安》裏的「復」字；《喪亂帖》裏的「喪」、「荼」、「獲」。在《蘭亭》中有些右下筆畫，如「長」、「大」、「足」、「懷」等，這些有著明顯特徵且重複使用的「反捺」和「順筆長點」，已經成爲某種用筆的慣性。然而，只要我們仔細觀察，《蘭亭》中也同樣不斷地重複使用著另一種「捺」的筆畫，也即「順捺」，如「激」、「峻」、「林」、「又」等，而這種順捺的特點，既是羲之以前已有的，也是唐宋之後一直沒有改變的捺的風格特徵，只是它在《蘭亭》中的應用，比其他任何書作都更爲習慣、更爲豐富。

　　以上，筆者著重分析《蘭亭》與二王手箚在用筆上的相似之處，以下將討論其區別所在：

　　1. 是否運用「絞轉」筆法，是它們二者之間的區別之一。所謂「絞轉」，是相對於「平動」、「提按」用筆而言的，邱振中對此有非常詳盡的闡述：「通常所說的轉筆，實際上分爲兩種：一種是筆鋒隨著筆畫的屈曲而進行的平動（曲線平動），如書寫鐵線篆時筆鋒的運行；一種是筆毫錐面在紙面上的旋轉運動，這種轉筆可稱爲絞轉。前一種轉筆運行時筆毫著紙的側面固定不變，後一種轉筆運行時筆毫著紙側面不停地變換，這是兩者本質的區別」〔註64〕。那麼，何爲「提按」式的用筆？最初，「提按」用筆「僅僅用於筆畫端部、折點，作爲突出這些部位的手段；後來，隨著點畫趨於平直，絞轉逐漸消隱，提按便成爲追求點畫一切變化的主要方式」〔註65〕。提按式的用筆在唐楷成熟後成爲最爲常見的用筆方式。明瞭以上三個概念之後，再來反觀《蘭亭》和王書手箚，其區別便十分明顯。王書手箚中充滿「絞轉」式的用筆，以《喪亂帖》中的「肝」、「當」、「惟」、「感」；《頻有哀禍帖》中的「摧切」、「增感」；《孔侍中帖》的「不能」、「須臾」、「忘心」諸字爲例，鋒端並不是順著點畫

〔註64〕邱振中：《筆法與章法》，上海：上海書畫出版社，2003 年，第 5 頁。
〔註65〕邱振中：《筆法與章法》，上海：上海書畫出版社，2003 年，第 20 頁。

走向而做簡單地平移，它時而向左，時而向右，時而處於點畫之中，時而又移至點畫邊緣，乃處於不斷變化之中。而《蘭亭》中，我們卻找不到類似的例子，相反，「提按」卻到處可尋，由於《蘭亭》多用露鋒起筆，故而，提按多出現於收筆處。當行書之中出現類似於楷書「回鋒收筆」的筆法，總會讓人有騎牆之感，這也就是爲什麼前文提到《蘭亭》參以楷書筆法的原因。「神龍本」《蘭亭》係唐人塡墨鉤摹本，當提按用筆不斷出現而與王書手箚有很大的不同時，這種參入太多「唐法」的意識，因太有規律而喪失掉晉「韻」的內核時，人們便不得不懷疑它實爲「唐人版」《蘭亭》，是經過唐人筆意再造的《蘭亭》。

圖1-9：《孔侍中帖》和《頻有哀禍帖》

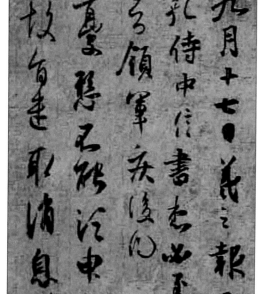
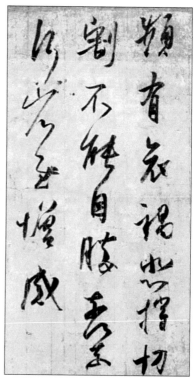

2. 是否運用「縱引筆勢」是《蘭亭》與王書手箚的又一區別。如果說絞轉用筆側重於每一筆劃的內部特徵，那麼縱引筆勢則是一種字與字的連接規律。直觀比較《蘭亭》與王書手箚，在筆意的連接上可以明顯看出《蘭亭》保持單個字的獨立，即使上下字之間有聯繫，也僅僅是通過露鋒起筆或微不

足道的牽絲來實現的；而王書手箚則不同，字與字的連接常常以「縱引筆勢」來完成，如果不是受到行書或行草書體的制約，那麼「縱引」可使「一筆書」成爲可能。

這不禁讓人聯想起上文對於「槁書」的分析。「縱引筆勢——槁書——今草」的系列對王書手箚起到非常直接的影響，而《蘭亭》因爲受到楷書筆意的影響，過於注重起筆收筆的提按動作的完整性，沒有從眞正意義上使用「牽絲」〔註66〕和「引帶」，故而中斷了上下字氣息上的連接。我們可以這樣總結：因爲無法運用「縱引筆勢」，《蘭亭》難以和王書手箚在行草書體系的層面比肩，而最終也只能是行楷書的典範。

其次，從結構而言，如果我們把所有羲之行書傳世墨迹的不同結字習慣、特點進行分類比較，那麼無疑將面對一個浩大的工程。有鑒於此，我們就有理由把關注點放在集王羲之行書大成的《聖教序》上。據史料記載，《聖教序》是唐代長安弘福寺僧懷仁借內府所藏王羲之書迹集摹而成，歷時二十四年之久。碑文用字選取王書各帖，出自《蘭亭》有幾十字之多，如「知、趣、或、群、然、林、懷、將、風、朗、是、崇、幽、託、爲、攬、時」等等，曹寶麟有專文研究〔註67〕。但我們同時也會發現這樣一個問題，如果試著將《蘭亭》中「知、幽、趣、懷、或、是、群、林」等字與《集王聖教序》比較，無論是字的用筆如「幽」，字的取勢，如「林」，點線的形狀，如「是」，用筆方向如「懷」等皆有較大的差異。然而，如果我們放棄一一對應的完全相似的接受觀點，而把這種比較引入到千百年來人們對羲之接受的基本事實上，即會明瞭人們接受王書的總體理念是以接受其字形結構爲依據的，而《聖教序》從某種意義上正好補充了這一需求。儘管千百年來，人們對它的抱怨始終存在，但它卻著實爲人們接受王書提供了最直接、最方便、最實用的途徑。

1. 偏旁、部首

正如前文所述，我們將《聖教序》作爲討論王書特定的「結構」範本，原因是它彙集王書所有行書書迹的經典字型。以下將進入以點代面式的分

〔註66〕「牽絲」是行草書中的一個重要術語，又稱「絲牽」、「引帶」或「遊絲」。清人笪重光《書筏》曰：「筋之融結在紐轉，脈絡之不斷在絲牽。」

〔註67〕曹寶麟：《〈集王聖教〉與〈神龍蘭亭〉之比勘》，收入華人德、白謙慎編：《蘭亭論集》，蘇州：蘇州大學出版社，第 376 頁。

析，據統計，左右結構的字在漢字總數中占百分之七十以上，因此我們首先分析《聖教序》中左右結構的字型。(1)「氵」：《聖教序》裏帶有「氵」的字，隨處可見。仔細審察它們的書寫樣式及每一種與之配套的左右結構，我們發現，大王在書寫這些結構時，儘管形態千變萬化，但仍在使用楷書的左右結構的結字之法則，即始終以方塊結構來束定它們的字形樣式，如「法、流、測、復、海、波、沾、深」等等，兩肩大多平齊，三點水的最下點與右邊的結構基本處在一個水平線上，而且，「氵」所佔的位置，不超過整體的二分之一。如果再把視覺集中在眾多的三點水內部，我們發現，大王在書寫第一點時，因下筆較重，而難以將這種筆勢直接轉移到第二點上，因而多採用斷開之勢，使第二點借勢重新起筆，然後順勢下移，完成整個動作。同時，為了強調左右的呼應關係，通常在左右筆勢轉移的瞬間，借助並誇大牽絲的視覺效應，使三點水看上去因空間的增加，不顯得與右邊的結構失衡，從而傳達出他的構字理念來。(2)「亻」、「木」、「示」、「扌」等，大王在書寫這些結構的字形時，採用的手法基本上與三點水類似。只不過像「亻」、「木」、「忄」、「示」、「扌」這些偏旁，因其裏面含有豎的筆畫，儘管較容易實現方塊字形的結構要求，然而，卻難免使整個字形因這種垂直的視覺而變得呆板。所以，為了避免這一點，大王便通過變換這些偏旁筆畫的形狀、位置、方向等來顯現他書寫的特點。如「像」、「仰」、「福」、「標」、「降」、「懷」等，有的在不改變豎畫長度的情況下，形成外擴之勢，有的則強調其他筆畫而使豎畫變短或傾斜，以致於消弱這種視覺上的垂直之病。(3)「顯」、「金」、「令」、「馬」等這些筆畫較多，而又基本上以縱向取勢的偏旁部首，大王在處理它們所在的左右結構時，一般採用左右對稱式的法則來平均占取各自的位置，如「鏡」、「領」、「敏」、「顛」。通過比較發現，凡是以這種左右對稱來組字的漢字結構，因左右這種難以克服的對稱關係，往往給書寫帶來平滯。而大王在書寫這些結構形態時，終於突破了漢字（隸、楷）嚴格的結字規則，大多通過左右的對比關係，使漢字的對稱性變得不那麼嚴謹。如他在書寫「鍾」、「斂」、「教」等時，要麼上開下合，要麼上合下開。而在書寫「對」、「妙」、「野」、「頻」等字時，要麼左昂右低，要麼右昂左低。(4)介於(2)、(3)之間的一些偏旁部首的字形如「言」、「王」、「月」、「日」等等，大王在處理它們時，都是根據右邊結構的字態，即通過左右的呼應強調某些對比關係來實現的。如「時」、「騰」、「現」、「語」。寫法亦多同上。

圖 1-10：《集王聖教序》局部

2. 上下結構、獨體及半包圍結構

（1）上下結構：上覆下載的字形結構，在《聖教序》裏亦佔有較大的比例。從整體來分類，一般不超過兩種情形，也即上覆及地載。上覆者，顧名思義，多有上大、下小之意，亦即強調或誇張這種結構的上半部分，而消減、垂縮其下半部分，如「軍」、「寺」、「雪」、「罪」、「金」之類。地載者，是指上狹、地闊之意，亦即強調或誇張其下而弱化其上，如「蓋」、「忠」、「藏」之類。我們可以在《聖教序》裏任意抽出這些結構來進行分析，情形則不出於此。（2）獨體字：這種結構基本上是唯一可脫離方塊漢字這個總體觀念制約的，因其各自獨立而無須與其他結構進行配合，故此，這些結構中的點線伸縮則相較合體字結構自由。於是，我們能夠想像，這些獨體結構所要佔用的視覺空間，就不只是落在縱橫兩個方向上了。如《聖教序》開篇的「大」及緊隨其後的「太」、「文」字，它們皆有一個共同的特點就是在筆畫有限這個前提下，讓每一筆畫盡可能地各儘其態，同時通過加重點線或縮小整個字形的視覺份量等方法，使字型達到完美。根據這個線索，我們仍然可以找到很多這樣的類型，如「天」、「而」、「不」、「十」、「之」等等。（3）半包圍結構：這些結構在《聖教序》裏出現最多的應是「道」、「迷」、「通」及「廣」、「趙」之類的

字形。因其特殊的依附關係，使其在書寫自由程度上相對受到限制，我們從《聖教序》大量的含有這種結構的字形裏不難看到，被包圍的那些結構之形體，一般來說必須是內收的，使其有如懷中之物，不會因為體積或結構太鬆散而從包圍中脫去。如「迷」、「還」、「塵」等。同時為了不使其結字太板，大王在處理這些特殊結構時，通常運用「盼顧」、「開闔」等方法來完成這些變化。如「遠」、「通」等，以保持其半包圍的獨特結構式樣。

圖 1-11：《蘭亭序》局部

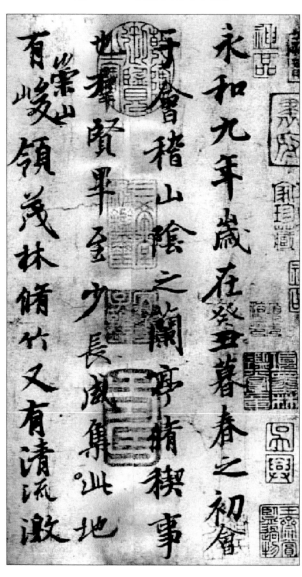

　　綜上所述，我們雖然單就《集王聖教序》的字型結構作出簡單的分析說明，儘管我們分析時所列舉的一些範例極其有限，但它們基本上能代表大王行書墨迹的主要結體特徵。其二，從以上列舉的構字式樣來講，無論是左右結構、上下結構或是獨體、半包圍結構等，它們所依據的結字法則，不僅沒有超過或篡改兩漢及魏晉以來，王羲之前人如崔瑗、衛夫人等在隸、楷方面的經驗和成果，而且仍將這些法則推廣至其行書之中。正因爲如此，才使他的行書，如同隸、楷書那樣，因其有迹可尋的「法」的滲入，而易於爲人們接受。其三，魏晉以來，通過傳世墨迹考察，我們幾乎沒有發現在大王之前或同時，還有哪位書家，能像他那樣，給後人留下了如此之豐的經典範本，更沒有哪位書家能在浩如煙海的墨迹中，從量的積纍裏覺醒，於其點線、結構的各個部分都能形成明確的風格特徵。故此，人們才有可能在千百年來的書法長河裏，聆聽到那記憶中幽遠的聲音。

第 2 章　唐代《蘭亭》接受

2.1 唐代《蘭亭》接受的前奏

2.1.1 唐太宗的「《蘭亭》情結」

　　唐太宗，這個在馬背上驍勇善戰、掃平寰宇、整飭內亂而獲得天下的皇帝，深知「雖以武功定天下，終當以文德綏海內，文武之道，各隨其時」〔註1〕的道理，由他興起的一系列整齊文化、大興儒學、張皇文統、革新文藝的措施，對於開啓有唐盛世的輝煌起到不可估量的作用。在蓬勃發展的諸多藝術門類中，太宗對於書法藝術情有獨鍾。他大張王學，訂立王羲之爲學書偶像，其「《蘭亭》情結」揭開唐代書法史乃至中國帖學史的嶄新篇章。

　　「情結」（complex），這個西方心理學術語，是榮格和弗洛伊德著作中的一個核心概念，榮格將其形容爲「無意識之中的一個結」。它指一群重要的無意識組合，或是一種藏在一個人神秘的心理狀態中的強烈而無意識的衝動。榮格認爲，情結的核心是一個共通的經驗模式，即爲原型（archetype）。借西學爲我而用，考察唐太宗對《蘭亭》極其偏好的情愫，確實堪稱具有一種「《蘭亭》情結」。雅好翰墨的唐太宗，即位之初就下令發動大規模的搜尋《蘭亭》的活動。有關太宗得到《蘭亭》的過程，見諸史料有兩種記載。其一爲《劉餗傳記》：「太宗爲秦王，日見拓本驚喜，乃貴價市大王書，《蘭亭》終不至焉。乃遣問辯才師，歐陽詢就越州求得之，以武德四年入秦府」〔註2〕；其

〔註1〕　〔後晉〕劉昫：《舊唐書》卷二十八，北京：中華書局，1975 年。
〔註2〕　〔宋〕桑世昌：《蘭亭考》卷三，景印文淵閣《四庫全書》682 冊，臺北：商務印書館，1986 年。

二爲何延之《蘭亭記》：「辯才俗姓袁氏，梁司空昂之玄孫。辯才博學工文，琴棋書畫，皆得其妙……嘗於所寢方丈梁上鑿其暗檻，以貯《蘭亭》，寶惜貴重，甚於禪師在日。至貞觀中，太宗以德政之暇，銳志玩書，臨寫右軍眞、草書帖，購募備盡，唯未得《蘭亭》。尋討此書，知在辯才之所，乃降敕追師入內道場供養，恩齎優恰……方便善誘」。面對赫赫皇權，辯才牢記先師的遺願、恪守自我的誓言，「往日侍奉先師，實嘗獲見。自禪師歿後，薦經喪亂墜失，不知所在」。然而太宗渴望《蘭亭》迫切之至，命令「負才藝，多權謀」的大臣蕭翼喬裝打扮，和辯才結爲朋友，最終智取《蘭亭》。第一種記載把得到《蘭亭》的時間提到太宗稱帝以前；第二種是較爲常見的流行說法，然而由於《蘭亭記》是唐人小說，很有可能對歷史史實進行文學化渲染，不足以作爲佐證材料，但這頗具「歷史神話學」意味的傳說在一定程度上能傳達出當時社會的眞實情況。因爲《蘭亭》在隋、唐之前未見稱述，而同樣喜好書畫雅樂的隋煬帝卻沒有對《蘭亭》產生好感 〔註3〕，於是，唐太宗責無旁貸地擔當起《蘭亭》接受「第一讀者」的神聖使命。何爲接受史上的「第一讀者」？它當然並非第一個接觸藝術作品的讀者，而是在藝術接受活動中對經典作品的首次權威性的解讀者，借用陳文忠的話說，「所謂接受史上的『第一讀者』」，是指以其獨到的見解和精闢的闡釋，爲作家作品開創接受史、奠定接受基礎、甚至指引接受方向的那位特殊讀者」〔註4〕。對於太宗《蘭亭》，「寶惜者獨此書爲最，置於座側朝夕觀賞」，「命供奉搨書人趙模、韓道政、馮承素、諸葛貞等四人，各搨數本，以賜皇太子、諸王近臣」〔註5〕。在帝王的號召下，一系列的《蘭亭》摹本和臨本應運而生。其中較爲有名的有傳虞世南臨本「天曆本」或「張金界奴本」（蘭亭八柱第一）、傳褚遂良摹本（蘭亭八柱第二）、傳褚遂良臨本（黃絹本）以及傳爲歐陽詢臨摹上石的《定武蘭亭》等等。

　　同時，唐太宗把「《蘭亭》情結」推廣爲一場聲勢浩大的「崇王」運動。

〔註3〕 據《劉餗傳記》記載，隋煬帝見過《蘭亭》眞迹，「王右軍《蘭亭序》，梁亂出外，陳天嘉中爲僧所得，至大建中獻於宣帝，隋平陳日或以獻晉王，王不之寶」。

〔註4〕 陳文忠：《中國古典詩歌接受史研究》，合肥：安徽大學出版社，1998年，第64頁。

〔註5〕 〔唐〕何延之：《蘭亭記》，載入〔唐〕張彥遠：《法書要錄》，北京：人民美術出版社，1984年。

這首先表現爲大規模收藏王字。雖然初唐與東晉懸隔僅僅兩百餘年，但因戰亂、遷徙等諸多原因，王氏眞迹已流傳不多。隋祚固短，煬帝內府收藏甚豐，據《徐氏法書記》記載，「王師入秦，又於洛陽擒二僞王，西京秘閣之寶，揚都扈從之書，皆爲我有」，這批藏品構成了唐內府收藏的基礎。唐太宗執政之初，「於右軍之書，特留睿賞，貞觀初下詔購求，殆盡遺逸」〔註6〕；「方天下混一，四方無虞，乃留心翰墨，粉飾治具，雅好王羲之字，心慕手追，出內帑金帛購人間遺墨，得眞、行、草二千二百餘紙來上，萬幾之餘，不廢摹仿」〔註7〕，「天下爭齎古書詣闕以獻」〔註8〕。到貞觀六年，太宗「命整理御府古今工書鍾、王等眞迹，得一千五百一十卷」〔註9〕；又唐張懷瓘記載：「文皇帝盡價購求（王書），天下畢至，大王眞書惟得五十紙，行書二百四十紙，草書兩千紙，並以金寶裝飾」〔註10〕。上述資料來自不同的記載，雖多少有些出入，但收藏規模之大，可見一斑。

除了收藏眞迹，唐太宗還以九鼎之尊的身份親自爲王羲之作傳論。唐初重修《晉書》，太宗作傳論四篇，除了《王羲之傳贊》外，僅爲高祖宣帝、世祖武帝和陸機、陸雲作傳，由此不難看出唐太宗非常欣賞王右軍。在該傳中，太宗先追溯書法起源，隨後列出右軍前後幾大著名書家的不足之處，鍾繇書法「論其盡善，或有所疑」，「其體則古而不今」，「長而逾制」；獻之「雖有父風，殊非新巧。觀其字勢疏瘦，如隆冬之枯樹；覽其筆蹤拘束，若嚴家之餓隸」；子云「近世擅名江表，然僅得成書。無丈夫之氣」。既然「此數子者，皆譽過其實」，那麼「所以詳察古今，研精篆素，盡善盡美，其惟王逸少乎」。在唐太宗的心目中，羲之書法到底好在何處？「觀其點曳之工，裁成之妙，煙霏露結，狀若斷而還連，鳳翥龍蟠，勢如斜而反正，玩之不覺，爲倦覽之莫識其端，心慕手追，此人而已，其餘區區之類，何足論哉！」至此給予羲之書法絕對的歷史定位，使其從晉宋間特重獻之，從梁武帝「子敬不迨逸少，逸少不迨鍾繇」的低谷中躍然走出，從而奠定了王羲之在中國書法史上的崇

〔註 6〕　〔唐〕張彥遠：《法書要錄》，北京：人民美術出版社，1984 年。

〔註 7〕　〔唐〕武平一：《徐氏法書記》，載入〔唐〕張彥遠：《法書要錄》，北京：人民美術出版社，1984 年。

〔註 8〕　〔後晉〕劉昫：《舊唐書》卷八十，北京：中華書局，1975 年。

〔註 9〕　〔宋〕王溥：《唐會要》三十五卷，北京：中華書局，1985 年。

〔註 10〕　〔唐〕張懷瓘：《二王等書錄》，載入〔唐〕張彥遠：《法書要錄》，北京：人民美術出版社，1984 年。

高地位。

　　借助以上一系列的崇王活動，唐太宗成功地借助帝王的話語霸權把王羲之的名字深深地「銘刻」在唐人的腦海之中。所謂「上有所好，下必有所甚焉」，金受仲云：「唐太宗推崇南派之王右軍父子，於是臣下相習成風」〔註11〕，不僅朝廷內部，大王書風已風靡全國，「貞觀、永徽以還，右軍之勢，幾奔天下」〔註12〕。馬宗霍在《書林藻鑒》中云：「絕不故於時士大夫皆宗法右軍，虞世南學於智永，故為右軍嫡系矣，即歐陽詢、褚遂良，阮氏目為出於北派者，亦不能不旁習右軍，以結主意。」又張懷瓘云：「世人雖不能甄別，但聞二王，莫不心醉」〔註13〕。朝廷重臣的「崇王」本在情理之中，可遠在邊陲《敦煌卷子》中已出現唐代寫經生的《蘭亭》臨本〔註14〕；「一九六六年新疆吐魯番唐墓出土了卜天壽《〈論語〉鄭氏注》抄本。上有若干句千字文，說明王氏書風也波及到西州高昌一帶」〔註15〕，凡此等等。以上記載表明二王書風已經深入人心，可見王權對文化的塑造有著如此強大的威力。

　　那麼究竟是什麼原因導致唐太宗產生「《蘭亭》情結」呢？首先從思想史的角度進行觀照。陳寅恪曾對隋唐制度有詳盡論述，「隋唐之制度雖極廣博紛復，然究析其因素，不出三源，一曰（北）魏、（北）齊，二曰梁、陳，三曰（西）魏、周。……所謂（北）魏、（北）齊之源者，凡江左承襲漢、魏、西晉之禮樂政刑典章文物，自東晉至南齊其間所發展變遷，而為北魏孝文帝及其子孫摹仿採用，傳至北齊成一大結集是也。……所謂梁、陳之源者，凡梁代繼承創作陳氏因襲無改之制度，迄楊隋統一中國吸收採用，而傳之於李唐者，易言之，即南朝後半期內其文物制度之變遷發展乃王肅等輸入之所不及，故魏孝文及其子孫能採用，而北齊之一大結集中遂無此因素者也。……在三源之中，此（西）魏、周之源遠不如其他二源之重要。」〔註16〕這一觀點表明，東晉南朝的典章制度，也就是魏、西晉以後南遷並發展於江左的漢

〔註11〕金受仲：《清代書法述略》，何志明等編：《中國書畫論集》，長沙：湖南美術出版社，1997年。

〔註12〕馬宗霍：《書林藻鑒》，北京：文物出版社，1984年，第237頁。

〔註13〕〔唐〕張懷瓘：《書議》，載入〔唐〕張彥遠：《法書要錄》，北京：人民美術出版社，1984年。

〔註14〕詳見《敦煌卷子》6345卷。

〔註15〕王元軍：《唐人書法與文化》，臺灣：臺北東大圖書公司，1995年，第204頁。

〔註16〕陳寅恪：《隋唐制度淵源略論稿》，石家莊：河北教育出版社，2002年，第5頁。

族傳統的制度文物，在隋唐制度的淵源中，具有最爲重要的地位。一如唐長孺所言，「……唐代經濟、政治、軍事乃至文化諸方面都發生了顯著的變化，它標誌著中國封建社會由前期向後期的轉變，但是這些變化，或者說這些變化中的最主要的部分，乃是東晉南朝的繼承，我們姑且稱之爲『南朝化』。」〔註 17〕故而，唐太宗的思想與南朝文化有著極爲緊密的關係，僅從書法思想來說，他之所以會對王字大加欣賞，會對虞世南、褚遂良等南方文化的代言人有一種獨特的感情，本來就有深刻的思想淵源，這可能是肇始「蘭亭情結」發端的原因所在。然而，問題的關鍵在於考察太宗「崇王」的眞實目的所在，難道他僅僅意欲追隨騷人遺韻、晉宋風流？下面的分析，將把這些疑問一一化解。

　　唐太宗曾自誇：「朕十八歲便舉兵，年二十四定天下，年二十九爲天子，此則武勝於古也；少從戎旅，不暇讀書，貞觀以來，手不釋卷，知風化之本，見政理之源，行之數年，天下大理，此又文勝於古也」〔註 18〕。而他的確也是文武雙全的執政者，他對自己的爲政之道期以崇高的目標。有學者指出：唐代是上以「三代之治」爲高懸的理想目標，下以漢魏爲施行之取法榜樣，並廣泛借鑒前代，融合爲一套以儒家「王道」、「德政」爲主體，輔以「刑法」、「權威」的李唐政治〔註 19〕。

　　唐太宗用一生的努力踐履著「文皇」的諡號〔註 20〕，確立「尊儒崇經」爲治國的根本指導原則，「古稱儒學家者流，本出於司徒之官。可以正君臣，明貴賤，美教化，移風俗，莫若於此焉。故前古哲王咸用儒術之士」〔註 21〕。招賢納士，建立弘文館，是太宗儒學政治的首要措施。繼玄武門事變後，太宗建立了弘文館，它是秦王文學館的翻版，所選的十八學士實乃初唐士大夫中的翹楚。「上於弘文殿聚四部書二十餘萬卷，置弘文館於殿側，精選天下文學之士虞世南、褚亮、姚思廉、歐陽詢、蔡允恭、蕭德言等，以本官

〔註 17〕　唐長孺：《魏晉南北朝隋唐史三論》，武昌：武漢大學出版社，1993 年，第 334 頁。

〔註 18〕　〔唐〕吳兢：《貞觀政要》卷十，上海：上海古籍出版社，1978 年。

〔註 19〕　陳飛：《唐代科舉制度與文學精神品質》，《文學遺產》，1991 年 2 月，第 34～43 頁。

〔註 20〕　按照諡法：「經緯天地曰文，道德博聞曰文，勤學好問曰文，慈惠愛民曰文，愍民惠禮曰文，賜民爵位曰文」。張守節《史記正義・諡法解》按王溥《唐會要》卷七十九《諡法》。

〔註 21〕　〔後晉〕劉昫：《舊唐書・儒學傳》，北京：中華書局，1975 年。

兼學士。令更日宿，直聽朝之隙，引入內殿，講論前言往行，商榷政事，或至夜分乃罷。」〔註22〕中國士大夫素以「士志於道」的理念爲精神旨歸，秉承「道統」精神。以弘文館爲中心的文學團體，不但是文學的中心，更是咨議政治的場所。他們對國事的看法在一定程度上影響著太宗的決策，所以說這是一個十分特殊的群體。其次，貞觀二年，唐太宗下詔，在國學立孔子廟堂，恢復祭孔儀式，「詔停以周公爲先聖，始立孔子廟堂於國學，以宣父爲先聖，顏子爲先師，大徵天下儒士以爲學官」〔註23〕。太宗有言「朕今所好者，惟在堯、舜之道，周、孔之教，以爲如鳥有翼，如魚依水，失之必死，不可暫無耳」〔註24〕。把孔子訂立爲信仰體系中的核心人物，對於維護君臣父子的人倫關係、樹立仁義廉恥的社會風尚、國家大政方針的確定及運作，都具有決定性的指導作用。另外，因「經籍去聖久遠，文字多訛繆」，不利於思想上的統治，於是唐太宗大規模整合儒學思想，「詔前中書侍郎顏師古考定《五經》」〔註25〕和「詔國子祭酒孔穎達與諸儒撰定《五經義疏》」。修訂《五經》定本和《五經正義》是儒學史上的大事。唐太宗對此項工作的完成十分滿意，下詔褒獎：「卿等博綜古今，義現該洽，考前儒之異說，符聖人之幽旨，實爲不朽」〔註26〕。再次，「覽前王之得失，爲在身之龜鑒」〔註27〕是唐太宗的名言。唐太宗十分重視以史爲鑒，《帝範序》中指出：「所以披鏡前蹤，博採史籍，聚其要言，以爲近誡爾」。唐太宗即位不久，便積極修史，貞觀一代總共修成八部正史，正所謂「以古爲鏡，可以知興替」〔註28〕。

由此，統一的國家有了統一的思想，唐太宗成功地製造出了儒家文化的政治背景，他對於書法的喜愛也將受制於「文德」的政治要求。美國漢學家宇文所安曾說，「存世的太宗詩集是這一時期最大的集子之一。儘管有作爲詩人的局限，他仍然明顯地注重技巧。在統治前期，他似乎既鼓勵儒家的教化，也提倡宮廷詩的雅致，不偏不倚地接受二者，認爲它們都適合於帝王的

〔註22〕〔宋〕司馬光：《資治通鑒》卷一九二，北京：古籍出版社，1956年。
〔註23〕〔後晉〕劉昫：《舊唐書・儒學傳》，北京：中華書局，1975年。
〔註24〕〔唐〕吳兢：《貞觀政要》卷六，上海：上海古籍出版社，1978年。
〔註25〕〔後晉〕劉昫：《舊唐書・儒學上》，北京：中華書局，1975年。
〔註26〕〔後晉〕劉昫：《舊唐書・孔穎達傳》，北京：中華書局，1975年。
〔註27〕〔宋〕王若欽：《冊府元龜》五百五十四卷，北京：中華書局，1960年。
〔註28〕〔唐〕吳兢：《貞觀政要》卷一，上海：上海古籍出版社，1978年。

尊嚴」〔註29〕。太宗認爲「釋實求華，從人以欲，亂於大道，君子恥之」，他一方面以儒家政教文學觀來規範貞觀詩壇，把文學視作匡主和民的政治教化工具，「以堯舜之風，蕩秦漢之弊。用咸英之曲，變爛漫之音」〔註30〕追慕古雅的創作風格；一方面又以典麗朗雅的標準改變梁陳以來綺豔浮靡不重內容的詩歌形式，使其更好實現自我統治的需要。置換到書法領域也互爲表裏。太宗需要一種文質彬彬的審美取向來實現他穩固政權的需要。他之所以如此珍愛《蘭亭》，其個人好尚當然不容否定，但《蘭亭》柔媚而不輕滑，流暢而不放縱，飄逸而不失之於輕浮，變化而不失於規矩的書風，不僅符合儒家「從心所欲不逾矩」、「過猶不及」的中庸之道，滿足了深受儒家思想濡染的唐太宗「中和」之美的價值取向，符合他一朝天子以「溫柔敦厚」的思想歸整人心的強烈願望。他之所以飽含深情地撰寫《王羲之傳贊》，給予「書爲小道」時代中的書家以如此禮遇，是他積極利用羲之的歷史地位和社會影響以求得到更大的社會支持；是他政治意志和個我追求的另一形式的宣示和強調；是「王聖同體」制度下君主遵從「責任倫理」的必然取向。因此，太宗雖放眼羲之，可「醉翁之意不在酒」，其現實內涵要遠遠大於其歷史內涵！因而，唐太宗所擁有的《蘭亭》文本已與載著騷人遺韻、晉宋風流的《蘭亭》客體有著根本性的不同。

2.1.2 科舉制對唐代書學的審美規定兼及對《蘭亭》接受的影響

　　科舉制是中國古代教育制度的重要組成部分，也是解讀隋唐以降中國政治制度的一把鑰匙。它肇基於隋，完備於唐。據《新唐書・選舉志》記載，「唐制，取士之科，多因隋舊，然其大要有三：由學館者日生徒，由州縣者日鄉貢，皆隸於有司而進退之。其科之目，有秀才，有明經，有俊士，有進士，有明法，有明字，有明算，有一史，有三史，有開元禮，有道舉，有童子。而明經之別：有五經，有三經，有二經，有學究一經，有三禮，有三傳，有史科，此歲舉之常選也。其天子自詔者日制舉，所以待非常之才焉。」以上分述三層意思：一是考生來自學館。「學」，州縣有之，即國子監、太學、四門學、律學、書學、算學；「館」，京師專設，即弘文館和崇文館，開元后增置崇玄館。二是規定考試的科目，與隋代相比，律學、書學、算學

〔註29〕　〔美〕宇文所安：《初唐詩》，賈晉華譯，北京：三聯出版社，2004 年，第 42頁。

〔註30〕　〔唐〕李世民：《帝京篇序》。

是唐代的新增。三是考試時間有「每歲貢人」的「常科」和「天子自詔」的「制舉」。

　　本文論述的中心在於討論科舉制中與書學相關的部分，對龐雜的科舉制度不欲作全面的分析。從考試的科目來看，近人馬宗霍在《書林藻鑒》中概述道：「考之於史，唐之國學凡六，其五曰書學，置書學博士，學書日紙一幅，是以書爲教也。……以書爲教仿於周，以書取士仿於漢，置書博士仿於晉，至專立書學，實自唐始」。在唐代科舉中已有「明書科」，據《唐會要》記載「武德初廢書學，貞觀二年復置，顯慶三年廢，龍朔二年復置」，看來它在唐初就已經出現，「明書」即「明字」、「書學」，其具體考覈辦法在《唐六典·尚書吏部》中有詳細記載：「其明書，則《說文》六帖，《字林》四帖。」注云：「諸試書學生帖試通訖，先口試，不限條數，疑則問之，並通，然後試策」。《通典》中還有記載：「凡書學，先口試，通，乃墨試，《說文》、《字林》二十條，通十八爲第。」不難看出，明書科旨在選拔通曉文字知識又善於書法技藝的專門人才，是一個實踐性很強的科目，考試難度可想而知。爲此，官方設立學校，專關「書學」。《唐六典》所述，「書學博士掌教文武官八品已下及庶人子之爲生者，以《石經》、《說文》、《字林》爲專業，餘字書亦兼習之。《石經》三體書，限三年業成。《說文》二年。《字林》一年。其束脩之禮，督課試舉，如三館博士之法」。教材是提前規定的，考生在書學博士的指導下進行專門性的復習。中國文化一向以「經學」爲正統，《石經》一科，花費時間最長，《說文》和《字林》精研文字、訓詁知識。在書法實踐中，不僅要寫《石經》——古文、小篆、隸書；《說文》——小篆；《字林》——隸書的正體文字，還要兼習雜體。

　　除了貢舉中訂立「書學」的重要地位，書法的好壞在銓選中起到了重要的影響。經過了禮部考試，進士及第只是取得了仕宦的資格，授官任命之權歸於吏部。吏部擇人有四法：「一曰身，體貌豐偉；二曰言，言辭辯正；三曰書，楷法遒美；四曰判，文理優長。四事皆可取，則先德行；德均以才，才均以勞，得者爲留，不得者爲放」〔註31〕。因唐銓選擇人之法有「楷法遒美」的標準，故有唐代「以書取士」之說。這樣的標準一旦訂立，書法的好壞對於每一個求取功名的士子都有著至關重要的影響。無怪乎洪邁曰：「唐銓選以身言書判擇人，既以書爲藝，故唐人無不工楷法；以判爲貴，故無不習熟，

〔註31〕　〔宋〕歐陽修、宋祁：《新唐書·選舉志》，北京：中華書局，1975年。

而判語必駢儷。」〔註32〕以上的論述透露出這樣一個信息，即對於楷法的重視。從書法史的發展來看，唐代是書法「造型時代」的終結，各種字體在唐代臻於成熟，正、草、隸、篆、行幾大書體中，篆書、隸書曾分別是秦代和漢代的通用文字，因爲書寫趨於便捷的傾向而逐漸喪失了實用性的主導地位，草書由於其可辨認性差而藝術性勝過了實用性，這三種書體沒有成爲官方書法的代言也是情理之中的事情，那麼至少還有行書和楷書兩種書體，爲什麼讓楷書獨佔了鼇頭，行書中最爲工穩的行楷卻不被科舉考試認同呢？個中原因非常複雜。虞世南在《書旨述》中論述不失爲較好的解釋：「古文、籀、篆，曲盡而知之，愧無隱焉。隸、草攸止，今則未聞，願以發明，用祛昏惑」。此處「隸」即是後世稱的楷書，正如虞氏所料，時移勢易，古文與篆書已不適合唐朝的需要，而未成法式的楷、草二體，在唐代均獲得了廣闊的發展空間。因草書注重個人情性的表達，楷書則有更強的實用功能。故而，唐人的正體字以楷書主。又，《唐六典》載：「唐校書郎正字，掌讎校典籍，刊正文字，其體有五。一曰古文，廢而不用；二曰大篆，惟石經載之；三曰小篆，印璽旛旗所用；四曰八分，石經碑碣所用；五曰隸書，典籍表奏公私文疏所用」，也是在證明隸書（即楷書）爲典籍、公文所用。同時，結合隋唐年間書論分析，無論是隋釋智果的《心成頌》的「回展右肩」、「長舒左足」、「峻拔一角」、「潛虛半腹」、「間開間合」、「隔仰隔復」對結體的關注，還是唐太宗《筆法決》中對用筆之法的關注，都肇始了唐代「尚法」書法理論的發端。在這樣的思想氛圍影響下，以嚴謹工穩爲特點的楷書，其發展無疑會受到來自用筆和結體兩個方面的雙重規範，於是成爲正體的代言也就是情理之中的事情。

另外，藝術常常會受到非藝術因素的干擾和影響。科舉制的建立瓦解了六朝貴族制度，確立了新型官吏選拔制度，對於強化中央集權起到重要的作用。一如葛兆光在《中國思想史》中所言「特別是繼承了隋代制度的教育、考試、和選舉制度，借助權力建立了常規的世俗利益與經典的知識話語的聯繫，把一種有強烈意識形態色彩的知識、思想與信仰作爲知識階層的晉身必由途徑，於是這種知識、思想與信仰就成了擁有權力的話語體系」〔註33〕。

〔註32〕〔宋〕洪邁：《容齋隨筆》卷十，上海：上海古籍出版社，1978 年。

〔註33〕葛兆光：《中國思想史》（第二卷），上海：復旦大學出版社，2000 年，第 4 頁。

由此科舉製成爲統治者實現「政統」的有效途徑，它先天性地帶有深刻的政治文化代言的意味。新興的初唐政權是以儒家文化的政治化和政治制度的儒家化爲特點的，科舉的意義不止於對優秀人才的選拔，而更是踐履帝王統治合法化和合理化的途徑。在「文德」政治的要求下，這種「以書取仕」制度的眞正指向並非是對書法藝術本體的升格和完善，而是把書法作爲文學、律學、算學等維度之外的又扇一視窗來顯示帝王的政治理想和審美情趣。楷書的方正字形給人以超穩定的美感享受，其寬博厚重的風格適於代表大唐的恢宏氣象，故而受到唐帝王的親睞。當大批賢良俊才開始踏入了科舉考試的漫長征途，走上這「學而優則仕」的道路之時，一旦進入「吾轂」〔註34〕之中，就要接受帝王思想的「馴化」，就會被納入到「王道」的思想體系之中，於是乎「楷法遒美」的實現就不會再是夢想，楷書因此如火如荼的蓬勃發展起來。

在以上諸多因素的影響之下，行書《蘭亭》無論怎樣的備受關注，不免會直接或間接遭遇到來自「楷法遒美」的「建構」，這是藝術品在接受讀者和世界「塑造」過程中所無法避免的難題。

2.2 多種維度的唐人《蘭亭》接受

2.2.1 初唐筆意與《蘭亭》接受

> 唐人書法俱從右軍《禊帖》中各自抽繹而成，如伯施得其朗潤，信本得其縝栗，登善得其婉逸，公權得其雄邁，泰和得其超卓，陸柬之、趙模則又全體脫出，而乏其神駿，其不踐迹而天成者，顏平原、楊景度二人耳。
>
> ——語出《六硯齋》

1. 虞世南的《蘭亭》接受——從唐太宗的信任說開去

在初唐書壇上，虞世南是一個不能不被提及的書家。之所以這樣說並不是因爲他的書法藝術具有超邁有唐，獨標新體的特殊價值，而是他由陳、隋入唐的特殊文化身份對於初唐書法的轉型和發展，特別是二王書風的傳播起

〔註34〕《唐摭言》中有這樣一段話：「蓋文皇帝修文偃武，天贊神授。嘗私幸端門，見新進士綴行而出，喜曰：『天下英雄入吾轂中矣』，若乃光宅四海，垂祚三百，何莫由斯之道者也！」

到了舉足輕重的促進作用。有鑒於此，虞世南對《蘭亭》的接受分析，筆者意欲把虞書放置到初唐書法的「崇王」的大背景中，而不再執著於虞書和《蘭亭》文本對比的形態學分析。

　　虞世南，字伯施，越州餘姚人，其父虞荔，官至陳太子中庶子，深得陳文帝賞識。天嘉中，虞荔卒，「世南尚幼，哀毀殆不勝喪。陳文帝知其二子博學，每遣中使至其家將護之」〔註35〕。陳亡入隋，滿腹才華、耿直忠誠的虞世南不善於巧言阿諛而未被擢用，後因編纂《北堂書鈔》、《長洲玉鏡》等書，一時聲名鵲起。唐初，虞世南深受秦王李世民的重用和信任，成為當時著名的十八學士之一。貞觀初年，「太宗引為上客，因開文館，館中號為多士，咸推世南為文學之宗」〔註36〕，世南官至秘書監，封永興縣子，世稱「虞永興」。虞世南「性沉靜寡欲，篤志勤學」，文學、書法雙馳並妙。太宗稱賞他有博聞、德行、書翰、詞藻、忠直五絕，「有一於此，足為名臣，而世南兼之」〔註37〕，誠為賢良之才。宋朱長文品評虞世南，「學識淵博，論議持正，無少阿徇，其中抗烈，不可奪也，故其為書，氣秀色潤，意和筆調，然而合含剛特，謹守法度，柔而莫瀆，如其為人」〔註38〕，其人品書品境界可謂高矣！難怪世南卒後，太宗會如此感歎，「世南於我猶一體也，拾遺補闕無日暫忘，實當代名臣、人倫準的。吾有小善，必將順而成之；吾有小失，必犯顏而諫之。今其云亡，石渠、東觀之中，無復人矣」〔註39〕，推崇之情溢於言表，一種知音難求的情愫可與「伯牙死後，鍾子期不復鼓琴」比堪。那麼，是什麼原因使這段君臣之誼如此深厚，虞世南為何會得到唐太宗這般信任？

　　首先，出身於南方文化大族的虞世南，其天然的地緣背景與學術淵源使其成為南方文化的代言人，具體到書學領域，考察虞世南的書學淵源，《新唐書‧虞世南傳》記載：「釋智永善書，得王羲之法，世南往師焉。於是專心不懈，妙得其體，晚年正書遂與王羲之相後先。」虞書系王字正宗嫡傳，其師承智永乃是不爭的事實。項穆云：「迨夫世南傳之於智永，內含剛柔，立意沈

〔註35〕　〔後晉〕劉昫：《舊唐書‧虞世南傳》，北京：中華書局，1975年。
〔註36〕　〔唐〕吳兢：《貞觀政要》卷二，上海：上海古籍出版社，1978年。
〔註37〕　〔宋〕歐陽修、宋祁：《新唐書》卷一百二，北京：中華書局，1975年。
〔註38〕　〔宋〕朱長文：《續書斷》，《歷代書法論文選》，上海：上海古籍出版社，1978年。
〔註39〕　〔唐〕吳兢：《貞觀政要》卷十，上海：上海古籍出版社，1978年。

粹，及其行革，遒媚不凡」〔註40〕；孫退谷云：「虞永興出師智永，然永書絕綿密，虞加之以秀朗，遂覺出藍」〔註41〕。如上論述，首先肯定虞氏、智永書法「內含剛柔」的相似特徵，繼而指出虞書以秀朗之韻而青出於藍。的確，二者書法在用筆、結體及整篇氣息都有相通之處，都傳達出「不外耀鋒芒而內涵筋骨」〔註42〕的含蓄蘊藉的境界。阮元在《南北書派論》中指出：「南派由鍾繇、衛瓘及王羲之、獻之、僧虔等，以至智永、虞世南」，明確指出二王到智永再到虞世南一系的南派書法的承傳關係。於是，虞世南南方文化的思想淵源暗合唐太宗對南朝文化的崇尚之情（前文已述，此處不詳細展開），這爲他得到太宗賞識提供了前提。其次，無論商議朝廷大事，還是切磋文學、書法藝術，虞世南都堪稱太宗的良師益友。太宗對他非常器重，「朕與世南商略古今，有一言失，未嘗不悵恨，其懇誠乃如此」〔註43〕。僅以書學而論，儘管太宗極力推崇右軍，私淑羲之，但在書學的實踐中，「力學右軍不能至，復學虞行書」〔註44〕。《宣和書譜》記載了他們君臣探討書藝的例子，「太宗乃以書師世南。然嘗患『戈』腳不工，偶作『戩』字，遂空其落『戈』，令世南足之，以示魏徵」。如此既能體現帝王學書的謙虛精神，更能映襯他們二人之誼非同一般。

最後，也是最爲重要的一點，虞世南以自身的書法實踐踐履著太宗「大興王學」的書學主張，他的努力對於王氏書風在初唐的傳播起到極爲關鍵的推動作用。阮元說：「至唐初太宗獨善王羲之書，虞世南最爲接近，始令王氏一家兼掩南北矣。」〔註45〕如果相傳虞世南臨寫「天曆本」《蘭亭》確爲事實，那便是他接受《蘭亭》的明證。即使不以「天曆本」《蘭亭》作爲佐證，僅從虞世南朝廷重臣的地位出發，其書法風格便會對時代書風起到引領作用。虞世南在隋代生活長達三十年之久，其書風多少會參透隋代書風的濡染。虞體用筆技法、筆意體貌無不胎息於北方書法而兼有南方書體血脈，兩者渾然一體，融南方書法之靈美而化入北方書法的雄贍之中，有一種勢柔而局寬，鋒

〔註40〕〔明〕項穆：《書法雅言·正奇》，北京：中華書局，1985 年。

〔註41〕〔清〕孫承澤：《庚子銷夏記》，景印文淵閣《四庫全書》826 冊，臺北：商務印書館，1986 年。

〔註42〕〔清〕劉熙載：《藝概·書概》，上海：上海書畫出版社，1979 年。

〔註43〕〔宋〕歐陽修、宋祁：《新唐書·虞世南傳》，北京：中華書局，1975 年。

〔註44〕〔宋〕米芾：《書史》，北京：中華書局，1985 年。

〔註45〕〔清〕阮元：《南北書派論》，《歷代書法論文選》，上海：上海書畫出版社，1979 年。

廉而韻厚的藝術美感。梁巘云：「虞永興骨力遒勁，而溫潤圓渾，有曾、閔氣象」〔註46〕；唐張懷瓘云：「其書得大令（王獻之）之宏規，含五方之正色，姿榮秀出，智勇在焉。秀嶺危峰，處處間起，行草之際，尤所偏工。及其暮齒，加以遒逸，臭味羊（欣）、薄（紹之），不亦宜乎！是則東南之美，會稽之竹箭也」，又「伯施隸行書入妙。然歐（陽詢）之與虞，可謂智均力敵……論其成體，則虞所不逮。歐若猛將深入，時或不利；虞若行人妙選，罕有失辭。虞則內含剛柔，歐則外露筋骨，君子藏器，以虞爲優」〔註47〕。這是明顯的「抑歐揚虞」的觀點，對於虞書的認可溢於言表，本文無意於論述歐、虞書孰高孰低，從繼承二王的角度而言，他們從不同的角度進行承傳，各得其所。而虞書以其運筆圓潤，結體疏朗，意境蕭散而得二王法脈，登堂入室，成爲王書流派的傳薪人物，實現了唐太宗所倡導的南北融合、中和有度的審美理想，實乃初唐書法的領軍人物。

2. 陸柬之的《蘭亭》接受──書奴式的效法

張懷瓘有言：「昔文武皇帝好書，有獻輒特賞。時人有虞世南、歐陽詢、褚遂良、陸柬之等，或逸氣遒拔，或雅度溫良，柔和則綽約呈姿，剛節則堅斷執操，揚聲騰氣，四子而已。」〔註48〕的確，在初唐書法史上，除了虞、歐、褚三大名家外，陸柬之也堪稱翹楚。「陸柬之，蘇州吳人，虞世南之甥。少學舅氏以書名，官至太子司議郎」〔註49〕，早年曾寄居舅父虞世南家習書，並有機會欣賞舅父所珍藏的歷代名家眞迹，尤其是二王書帖，又學歐陽詢，線條、結體嚴謹端正，晚習王羲之、王獻之，運筆流暢。陸柬之在高宗朝擔任皇太子弘的東宮書法老師，足見其書法水平已受到當朝的認可。據《墨池編》記載：「柬之以書專家，與歐、褚齊名，隸行入妙，草入能，隸行於今殆絕遺迹。嘗觀其草書，意古筆老，信乎名不虛得也。」可惜，流傳至今的陸氏作品不多，《頭陀寺碑》、《急就章》、《龍華寺碑額》今已失傳，只有相傳爲

〔註46〕　〔清〕梁巘：《評書帖》，《歷代書法論文選》，上海：上海書畫出版社，1979年。

〔註47〕　〔唐〕張懷瓘：《書斷》，《歷代書法論文選》，上海：上海古籍出版社，1978年。

〔註48〕　〔唐〕張懷瓘：《評書藥石論》，《歷代書法論文選》，上海：上海古籍出版社，1978年。

〔註49〕　〔唐〕張懷瓘：《書斷》，《歷代書法論文選》，上海：上海古籍出版社，1978年。

陸氏所書的《文賦》、《蘭亭詩》、《得告帖》存世。其中,《文賦》是陸柬之的代表書作,而其《蘭亭詩》更契合本文對《蘭亭》接受的研究,故而,先著筆墨論述。

先看這樣一組關於陸柬之書《蘭亭詩》的評論:

曾見《蘭亭詩》五首於項子京宅,書法絕似定武本《禊帖》,凡二百六十字,漫漶者二十餘字,墨氣若新,精彩飛動,大是神物。〔註50〕

司議《蘭亭》此帖尤麗,結裏圓轉,趣媚不窮。〔註51〕

右《五言蘭亭詩》相傳爲陸柬之書,玩其神氣,筆意與右軍《禊敘》吻合,但其有意超脫處,彌覺束縛,豈亦集右軍書爲之耶?〔註52〕

觀《蘭亭》五言,江右風流蕭然在目,筆迹古雅亦在二王,然少雜奇嶮。〔註53〕

陸柬之得法於世南,晚擅出藍之譽。予嘗見其所書《蘭亭詩》無一筆不出右軍,第少飄逸和暢之妙爾。〔註54〕

對於書法風格的判定,除了做出相應的形態學分析,借鑑古代書論評述亦可作爲佐證。上述品評,雖仁者見仁,但突出了這樣一個核心命題——即陸氏對晉宋風流、對右軍書風的承傳,尤其是對《禊帖》的效法。第一條無遺餘力的讚美,第二條以「結裏圓轉」來突出陸氏「麗」與「趣媚」〔註55〕的書風特點,以後幾條在讚美之餘,另有指摘,無論是「有意超脫處,彌覺束縛」;「少雜奇嶮」;還是「第少飄逸和暢」,都表明儘管陸氏努力追求達到「晉人風格」,但刻意爲之,往往難以奏效,仍不盡飄逸,生硬束縛。不過,這些並不影響《蘭亭詩》的聲名遠揚,其傳世刻本由宋代游似摹刻並題記:「右唐司議郎陸柬之所書《蘭亭詩》,高宗皇帝嘗俯臨之。似偶得其眞迹。既刻之石,遂以附《禊帖》之後」。一面借著《蘭亭》的美名,一面又有宋高宗的御臨,

〔註50〕 〔明〕馮夢禎:《快雪堂集》,載入《佩文齋書畫譜》卷八十二。

〔註51〕 〔宋〕桑世昌:《蘭亭考》,景印文淵閣《四庫全書》682 冊,臺北:商務印書館,1986 年。

〔註52〕 〔清〕汪由敦:《松泉集》,景印文淵閣《四庫全書》1328 冊,臺北:商務印書館,1986 年。

〔註53〕 〔宋〕桑世昌:《蘭亭考》,景印文淵閣《四庫全書》682 冊,臺北:商務印書館,1986 年。

〔註54〕 〔明〕項穆:《書法雅言》,北京:中華書局,1985 年。

〔註55〕 在古代書論中多以「媚」來品評。與「趣媚」極爲相近的一詞是「媚趣」,「獻之骨力遠不及父,而頗有媚趣」。「媚趣」代表妍麗、優美的審美風格。

陸氏《五言蘭亭詩》自然不會無人稱道。然而，其果眞達到「無一筆不出右軍」的高度嗎？

圖 2-1：《五言蘭亭詩》和《文賦》局部

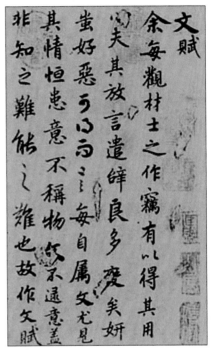

　　把相傳陸柬之的另一名篇《文賦》放在一同分析，不難看出，陸書確實婉媚遒勁，結體溫雅，筆法飄縱，豔媚動人，然而與晉人相比，卻少有自然的變化與質樸中的靈動。孫承澤跋曰「韻法雙絕」〔註 56〕實在是言過其實，全篇用筆和結體的過於平均使「法」遠勝於「韻」，每字每筆，中規中矩，既沒有絞轉式的運筆，也沒有明顯的「縱引筆勢」，故而難於企及王書手箚的精神氣象；雖與《蘭亭》的唯美取向較爲接近，但因受自身才情所限，難以找到動靜結合之最佳點，而無法到達「流美」之境，可見身爲太子之師的特殊身份沒有使他領悟大王神髓，反而由於和皇權緊密的關係不自覺地成爲強化初唐書寫中楷法的代言，終而開啓幾百年之後趙孟頫行楷書的先河。〔註 57〕

〔註 56〕　〔清〕孫承澤：《庚子銷夏錄》「陸司諫所書《文賦》，全摹《禊帖》，而帶有其舅氏虞永興之圓勁，遂覺韻法雙絕」。
〔註 57〕　趙孟頫曾言「右唐陸柬之行書《文賦》，初唐善書者稱『歐、虞、褚、薛』，

3. 孫過庭《書譜》對魏晉書法的復興

王羲之書法在初唐產生的影響不僅體現在行書、楷書之中，在草書中亦然，以書作、書論完美結合的孫過庭的《書譜》就是一個典型代表。本文是以行書體系的《蘭亭》接受爲論述的核心，之所以引入對草書作品《書譜》的分析，是因爲在初唐，孫過庭的書法是一種特立獨行的存在。與其他深受帝王權力話語影響的初唐書家不同，以孫過庭爲代表的一群不知名的書家，衝破時風影響，力追山陰堂奧，探尋羲之筆法之源，爲魏晉風韻的真實再現做出積極地努力。因此，《書譜》的用筆究竟怎樣傳承羲之筆意，它和《蘭亭》的用筆有怎樣的關係，這些對於研究《蘭亭》的接受問題都是至關重要的。

清代王文治《論書絕句》云：「墨池筆塚任紛紛，參透書禪未易論。細取孫公《書譜》讀，方知渠是過來人。」與虞世南、歐陽詢、褚遂良等達官顯宦式的書家不同，孫過庭實乃有唐不遇人。他官卑職微，《舊唐書》、《新唐書》無其本傳，乃至於其名、其字、爵里、官職尚存疑義〔註58〕，其生平可從文學家陳子昂撰寫的《率府錄事孫君墓誌銘並序》和《祭率府孫錄事文》中略知一二。陳文寥寥數語勾勒出孫過庭「生也落寞，死亦淒然」的失意一生。他出身寒門，四十見君，遭「讒慝」之議後懷才不遇。仕途無望的孫過庭欲對儒家學說有所著述，以寄託懷抱，惜壯志未遂，抱暴而終。《孟子》曰：「窮則獨善其身，達則兼善天下」，面對仕途蹇澀，孫過庭「不改其樂」，安貧樂道，「養心恬然，不染物累。獨考生命之理，庶幾天人之際」〔註59〕，獨留凝聚一生才華的驚世名作《書譜序》，可謂「老有所述，死且不朽」〔註60〕。

按照陳子昂的祭文和《書譜》原文提供的信息可以大致推算孫過庭生活的年代爲太宗貞觀到武后垂拱之間〔註61〕，這正是唐太宗「大興王學」的書

以書法論之，豈在四子下耶？然世罕有其迹，故知之者希。」子昂對陸氏極盡讚美，其書風亦有類陸氏。

〔註58〕 參見《四庫全書總目》一百十二卷：「竇蒙《述書賦》注曰：孫過庭，字虔禮，富陽人，右衛胄曹參軍；張懷瓘《書斷》則云：孫虔禮，字過庭，陳留人，官至率府錄事參軍。二人俱相距不遠，而所記名字、爵里不同。」

〔註59〕 〔唐〕陳子昂：《率府錄事孫君墓誌銘》。

〔註60〕 〔唐〕陳子昂：《率府錄事孫君墓誌銘》。

〔註61〕 參閱啓功：《啓功叢稿》，北京：中華書局，2004年，第62頁，以及馬國權：《書譜譯注》，上海：上海書畫出版社，1980年，第7頁的相關論述。

學思想普遍升溫的時代。在充滿濃厚士族觀念的唐代，出身卑微而又仕途不順的孫過庭，曾遭到了時人的貶抑：「虔禮凡草，閭閻之風。千紙一類，一字萬同。如見疑於冰冷，甘沒齒於夏蟲」〔註62〕。這種偏見可能因為孫氏的政治地位不高，而沒有對其書法藝術仔細琢磨，就妄下斷語。而張懷瓘的評價就相對客觀一些，「過庭博雅有文章，草書憲章二王，工於用筆，儁拔剛斷，尚異好奇，淩越險阻，然所謂少功用，有天材，眞行之書，亞於草矣」〔註63〕。張氏對虔禮書法持以褒貶互見的觀點，所肯定的部分，仍是在對右軍法度的繼承上，以技巧高超取勝。又唐人呂總評草書，列張旭第一，孫氏第二，並稱讚道：「孫過庭，丹崖絕壑，筆勢堅勁」〔註64〕。同出於唐人的三種觀點褒貶不一，分歧較大，孰是孰非？下文將以其著名的書論、書藝著作《書譜》為例進行分析。後世關於《書譜》的評論，大多集中在對大王書法的承傳方面。所謂「筆勢縱橫，墨法清潤，極得右軍遺法」〔註65〕；又「規模步驟，一宗二王，得飛鳥出林、驚蛇入草之勢」〔註66〕；「凡唐草得二王法，無出其右」〔註67〕……諸如此類，不勝枚舉。其中清人朱傑履在《書學捷要》中對《書譜》推崇備至，一語中的。「草書必宗右軍，然古拙難得，今之傳世者，輾轉摹刻，僅存形體，筆畫已失，惟孫過庭草書《書譜》，全法右軍，而三千七百餘言，一氣貫注，筆致俱存，實為草法至寶」，這不啻為對《書譜》的莫大首肯。那麼，孫過庭草書是如何從筆法、結體、章法等諸多方面傳承羲之書法的呢？《書譜》與《蘭亭》有著怎樣的關聯呢？

《書譜》中用筆富於變化，孫氏「作草書咄咄逼羲獻，尤妙於用筆，儁拔剛斷，出於天材，非功用積習所至」〔註68〕，不管是藏鋒、露鋒，或中鋒、側鋒，都寫得飛動輕盈，意趣盎然，剛柔相濟，方圓並用。在急速的行筆中，

〔註62〕〔唐〕竇臮：《述書賦》，《歷代書法論文選》，上海：上海古籍出版社，1978年。

〔註63〕〔唐〕張懷瓘：《書斷》，《歷代書法論文選》，上海：上海古籍出版社，1978年。

〔註64〕〔唐〕呂總：《續書評》，《歷代書法論文選》，上海：上海古籍出版社，1978年。

〔註65〕〔明〕張丑：《清河書畫舫》卷三上，景印文淵閣《四庫全書》817冊，臺北：商務印書館，1986年。

〔註66〕〔金〕元好問：《中州名賢集》，北京：中華書局，1959年。

〔註67〕〔宋〕米芾：《書史》，北京：中華書局，1985年。

〔註68〕〔宋〕佚名：《宣和書譜》卷八十，上海：上海書畫出版社，1984年。

純用筆尖書寫，依然能保持鋒毫凝聚，骨力堅勁，點畫裏形態繽紛跳宕，痛快淋漓，筆鋒中提按轉換自然，正偏交替靈活，處處講求起、止、轉、用的法度，筆筆交待清楚得體。清人王澍《論書剩語》有言，「勁如鐵，軟如綿，須知不是兩語；圓中規，方中矩，須知不是兩筆。吾於《書譜》得之」，誠非虛語。值得一提的是，《書譜》中很好地繼承了大王手箚中的「絞轉」用筆，孫過庭極其靈活的運筆也確實踐履了其在《書譜》中所說的「草書以使轉爲形質」。僅以其中一個局部而言（見圖 2-2），就不勝枚舉，「學」、「書」、「仙」、「易」、「壁」、「子」、「處」、「私」、「爲」等等都運用了絞轉筆法。同時，孫氏用筆也有自出機杼之處，劉熙載曰：「過庭草書，在唐爲善宗晉法，其所書《書譜》，用筆破而愈完，紛而愈治，飄逸愈沉著，婀娜愈剛健」〔註69〕。的確，與王羲之珠圓玉潤的用筆相比，《書譜》略顯破碎和生辣，「用筆破而完」實爲的評。

圖 2-2：《書譜》局部及放大字例

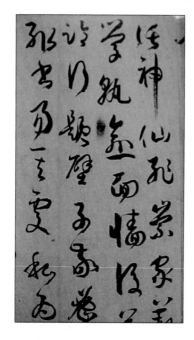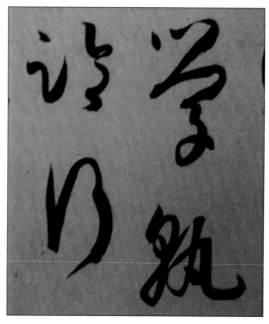

同時，《書譜》的字形結體與大王有著驚人的相似。據《宣和書譜》記載，孫過庭「善臨模往往眞贋不能辨，文皇嘗謂：過庭小字，書亂二王」，可

〔註69〕〔清〕劉熙載：《藝概・書概》，上海：上海書畫出版社，1979 年。

見其用功之勤。《書譜》在字形結體和筆意連貫上與王羲之《十七帖》非常接近，僅看以下圖例〔註70〕，便非常明瞭。再說章法，由於行距和字距的緊密而形成整篇的充塞感，加之用筆的破碎不免會有零亂的感覺，但是字與字之間形不貫而氣貫。全篇作品總計有三百五十一行，計三千六百餘字，竟能保持筆勢連貫統一，一氣呵成。墨法遵循《書譜》中「帶燥方潤，將濃遂枯」的審美原則，全篇之內顯現著濃、枯、燥、潤的多樣變化，篇末愈加明顯可見。

圖 2-3：《書譜》與《十七帖》：相似字例

字　例	少	也	及	未	安	孫	過
十七帖							
書　譜							
	22 行	116 行	22 行	12 行	116 行	1 行	1 行
字　例	郡	知	逸	妙	後	乃	爲
十七帖							
書　譜						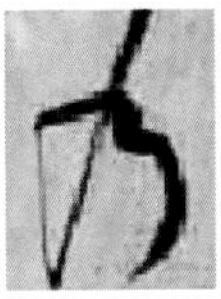	
	1 行	91 行	22 行	226 行	192 行	11 行	72 行

〔註70〕該圖例引自彭道衡：碩士學位論文《孫過庭〈書譜〉書學理論與書法藝術之研究》，臺中師範學院，2003 年，第 158～159 頁。

圖 2-4：《書譜》與《十七帖》：筆意連貫

字　例	不得也	奇事	先後	未許	足下行	鹽乃	以為
十七帖							
字　例	不為	即事	先後	末行	眞行	此乃	以為
書　譜		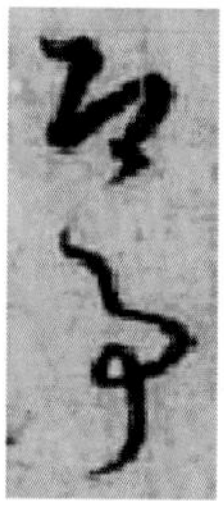	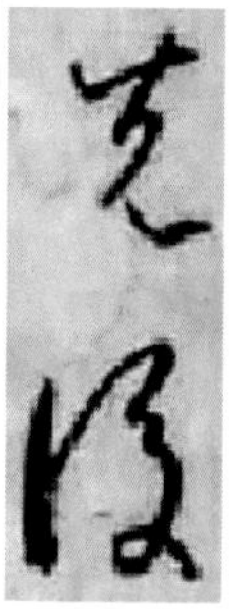				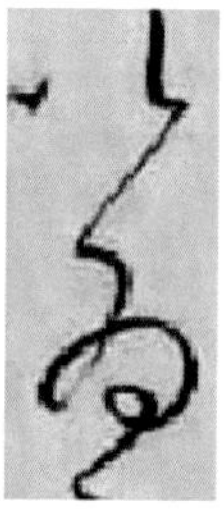
	72行	3行	192行	89行	198行	11行	72行

　　從上述分析中不難看出《書譜》與羲之書法的承傳關係，一如米芾在《書史》中所言「凡唐草得二王法，無出其（孫過庭）右」。今人劉伯鑾在《論書法》一文中亦云：「孫虔禮的草書寫的也很好，不過他沒有衝破羲、獻的草書範圍，而能自成一格」〔註71〕。孫過庭對大王書法過於癡迷與執著，僅在心手雙暢之際變化於微杪之間，《書譜》全篇流露盡是羲之風味，故而未能開啓一代書法新風。然而，放置於《蘭亭》接受問題的背景之下，卻有不同的意義。在初唐「外晉內唐」的「崇王」之風影響下，魏晉風韻已隨著《蘭亭》的「唐人化」穿上了「法」的外衣。而孫過庭的「崇王」，因遠離政治話語中心，沒有參入御用的動機，較少受到朝廷的「規訓」，以他為代表的一群不知名書家力追王羲之筆法之源、衝破唐法禁錮，實乃眞正發揚大王書書風的傳薪人。正是因為了「孫過庭們」的存在，對於綿延魏晉書風起到了不可低估

〔註71〕劉伯鑾：《論書法》，《書譜》雙月刊，1919 年第 5 期（總第 30 期），第 45 頁。

的作用。清人孫承澤在《庚子銷夏記》中云：「唐初諸人無一不摹右軍，然皆有蹊徑可尋，獨孫虔禮之《書譜》，天眞瀟灑，掉臂獨行，無意求合而無不宛合，此有唐第一妙腕。」「有唐第一妙腕」，不免誇張，但孫過庭的書法地位的確應該得到世人的重新審視。

2.2.2 中唐《蘭亭》的反接受：以顏眞卿的行草書爲個案

　　唐太宗「崇王」的浪潮經高宗、武后朝的推波助瀾，風行近百年，然而盛極必衰的客觀規律卻總是難以抵擋。當孫過庭《書譜》調整唐法與魏晉書風之間矛盾的努力歸於失敗，王羲之的神聖地位開始受到時人的質疑。天寶五年，傑出的浪漫主義詩人李白在《魯郡堯祠送竇明府薄華還西京》一詩中唱出「蘭亭雄筆安足誇」的豪言壯語，書論家張懷瓘「羲之俗書趁姿媚」的激情宣言都預示著一個嶄新的書學風尚即將開啓。盛唐，這個瞬即會讓人引發盛世輝煌聯想的字眼，其書學之旅將由誰來一主沉浮？

　　顏眞卿，這個中國歷史上婦孺皆知的人物，以他的忠義品格書寫了千古流芳的英名，以他的悲情人生映像了盛世幾多的無奈。在儒家文化的大背景下，深受「書品即人品」影響的人們無限放大了清臣的人格魅力，隨之，由顏體楷書頓挫有力的筆畫、寬博廣大的結體、充塞天地的布局所彰顯出來的「陽剛大美」就遠比晉人的瀟灑俊逸更適宜建構盛唐文化的壯美境界。於是當人們在記住「顏眞卿」這個閃亮的名字時候也就無法忘卻他那頗具特點的遒勁方正的楷書。唐代楷書的內蘊與形式的完美建構，在顏眞卿時可說達到極致巔峰。然而，顏眞卿的偉大的魅力絕不僅僅是顏楷可以詮釋的，王澍在《虛舟題跋》中有言：「評者議魯公書，眞不及草，草不及稿」。其實，在書法接受的宏大視野下，顏氏行草書更值得研究和關注。筆者將探究魯公行草書和《蘭亭序》之間具有怎樣的關係。

　　翻檢古代書論，我們看到這樣一則有關顏眞卿和《蘭亭》的記載：「臨川寓居勾幼安之父酷好石刻，嘗模一本云：寶應寺乃顏魯公故宅，殿後有謝靈運翻經臺，臺頹毀，於基土中得《蘭亭》石刻一段，勾公得而寶藏之。魯公臨摹，蓋有自矣」〔註72〕。我們不能武斷地認爲藏於魯公古宅基土中的《蘭亭》石刻必定爲魯公書寫，但至少說明魯公對《蘭亭》不會完全陌生。因爲

〔註72〕　〔宋〕桑世昌：《蘭亭考》卷五，景印文淵閣《四庫全書》682 冊，臺北：商務印書館，1986 年。

今天的我們無法知曉這究竟是怎樣的《蘭亭》石刻，至於它對魯公書法有怎樣的關係就更加無法預料。因爲沒有找到魯公對《蘭亭》的直接記載，我們把討論的視野放大到他與王羲之的關係中去考察。元人劉壎在《水雲村槁》中這樣一段論述：

> 晉以前字書醇樸，至右軍首出新意，盡變古體，如神龍駿馬，超妙入神。故千載而下以王書爲第一，六朝而爲隋唐，書學日靡，穠纖競勝，魯公出而救之，盡本古意，一變至道，如純金美玉，見者貴尚。故千載而下，又以顏書配王書，俱爲第一書家，謂數百年之間，質文相救，惟此二賢而已。然魯公之「屋漏痕」即右軍之「錐畫沙」，同出一法，各極其工。是故欲學王，請自顏入。

上述論斷突出強調了書法史中的一個最爲常見的命題——顏眞卿是繼王羲之後中國書法史的又一扛鼎人物。然而，得出「欲學王，請自顏入」的結論，令人感到武斷。按照源流本末，當是學顏從王入，因爲從時間上而言，顏眞卿有效法王羲之的可能，反之絕不能成立。而事實上亦然如此。日本學者杉村邦彥曾撰文《顏眞卿是如何接受王羲之書法的》〔註73〕，對此問題有深入探討。杉村邦彥認爲，如果不認爲顏眞卿是王羲之傳統的忠實繼承者的話，就不會眞正理解顏眞卿的書法本質。進而，他把《聖教序》和《爭坐位》中相同的字剪貼對比，如圖下頁。杉村指出，A、B、C、D四類，左列爲顏眞卿書，右列爲王羲之書。A類二者相似到難以區別的地步；B類顯然是受王羲之影響的顏眞卿書法；C類大體上遵循王羲之，但也強烈的表現出了顏眞卿個性；D類已經沒有羲之的影子，只有顏眞卿面目。從整體的比例來看B類最多，A類次之。B與A占到整體的百分之八十，C、D類數量較少。通過杉村的比較分析，可以明確顏眞卿書法在結體方面效法王羲之，那麼在用筆方面又是怎樣的情況呢？

又，如上文所引劉壎之言，「魯公之『屋漏痕』即右軍之『錐畫沙』，同出一法」，黃山谷也曾有詩句「魯公筆法屋漏雨，未減右軍錐畫沙」〔註74〕，詩歌因格式的需要而採用互文見義的手法，對句相舉，詞異而意同。加之「屋漏痕」和「錐劃沙」的確有著相似之處，那就更可以證明劉壎和山谷都認爲

〔註73〕 杉村邦彥：《顏眞卿是如何接受王羲之書法的》，馬成芬譯，〔日〕杉村邦彥：《書苑彷徨》，株式會社二玄社，1981年。

〔註74〕 〔宋〕黃庭堅：《山谷集·外集卷六》，景印文淵閣《四庫全書》1113冊，臺北：商務印書館，1986年。

圖 2-5：對比《爭坐位帖》和《集王聖教序》圖例

義之和魯公用筆方法具有一致性──「屋漏痕」〔註75〕或「錐畫沙」〔註76〕。
其實，這兩個術語都是對中鋒運筆的形象化描述，「錐畫沙、印印泥、屋漏痕，

〔註75〕 所謂「屋痕漏」相傳為顏眞卿所言，語出唐陸羽《釋懷素與顏眞卿論草書》
一文。宋姜夔《續書譜・用筆》云：「屋漏痕欲其橫直勻而藏鋒。」清人朱履
貞在《書學捷要》釋為：「屋漏痕者，屋上天光透漏處，仰視則方圓斜正形象
皎然，以喻點畫明淨，無連綿牽制之狀也。」

〔註76〕 所謂「錐畫沙」，比喻用筆之法如以錐畫沙，書迹圓渾，形似中鋒，起止無迹，
有「藏鋒」效果。顏眞卿《述張長史筆法十二意》中對「錐畫沙」解釋：「使
其藏鋒，畫乃沉著。當其用筆，常欲使其透過紙背，此功成之極矣」。董其昌
在《畫禪室隨筆》中說：「書法雖貴藏鋒，然不得以模糊為藏鋒。須用筆如太
阿截之意，蓋以勁利取勢，以虛和取曲韻，顏魯公所謂如印印泥，如錐畫沙
是也。」

皆言無起止」〔註77〕。如果追本溯源,無論是「屋漏痕」還是「錐畫沙」,都指篆籀筆意。因此,上述概括不盡全面,右軍行書中側並用,以側取妍,故而以「錐畫沙」來總結,不甚合適。而對於魯公,卻極為恰切。對篆籀筆意的突出和強調,正是他超邁羲之,而獨闢蹊徑的立足點。一如宋人郝經在《敘書》中所說,「顏變鍾、王用篆也。」魯公行書則以返璞歸真的拙美取勝,用筆體系為古體篆籀之法,即運用篆書用筆方法中鋒行筆,使線條圓渾有力,承接秦漢古意,一反二王飄逸欹側的新體行書。清人王澍在《虛舟題跋》有言,「每作字,必與篆籀吻合。蓋自斯、喜來,得篆籀正法者魯公一人而已……以太方嚴為魯公病,豈知寧樸無華,寧拙無巧,故是篆籀正法。」劉熙載亦云:「顏魯公書,自魏、晉及唐初諸家皆歸隸栝。東坡詩有『顏公變法出新意』

圖2-6:《祭侄稿》和《爭坐位帖》局部

 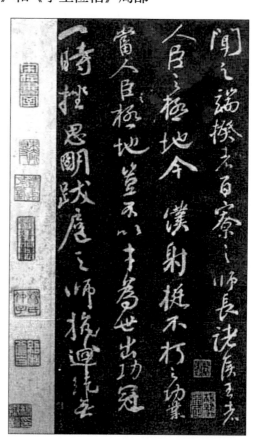

〔註77〕 〔清〕康有為:《廣藝舟雙楫·綴法》,上海:上海書畫出版社,1981年。

之句，其實變法得古意也。」〔註78〕關於「古體」書法，顏眞卿在《草篆帖》說：「自南朝來，上祖多以草隸篆籀爲當代所稱。及至小子，斯道大喪。但曾見張旭長史，頗示少糟粕，自恨無分，遂不能佳耳」。這裡魯公對自己喪失篆籀筆意而感到不安，我們盡可把它看成魯公的自謙。很顯然，從諸多書論中可以找到能夠證實魯公具有「篆籀筆意」的論述。豐坊《書訣》指出《爭座位稿》具有篆籀筆意，「古大家之書，必通篆籀，然後結構淳古，使轉勁逸，伯喈以下皆然，米元章稱謝安石《中郎帖》、顏魯公《爭座書》有篆籀氣，乃其證也」。劉塤《水雲村槀》云：「《魯公三稿》皆奇，而《祭侄稿》尤爲奇絕。……魯公痛其忠義身殘，哀思勃發，故縈紆鬱怒，和血迸淚，不自意其筆之所至，而頓挫縱橫一瀉千里，遂成千古絕調……所謂古釵屋漏痕，峻拔一角，潛虛半股，諸微妙不傳處，筆墨之間自有契合，正不足道也。」這是對《祭侄稿》中的中鋒運筆做出總結，凡此總總，不勝枚舉。

總之，顏眞卿之所以能成爲名傳千古的一代書法大師，並非止於對於「書聖」王羲之的效法，他的成功之處正在於打破二王書風的一統天下的局面，注入新鮮的個我性的書寫話語系統。既然「結體」不能逾越王書，那麼「用筆」正是他突破的關鍵。這種復歸古法的篆籀用筆，把中鋒用筆視爲書寫極則，自然會與「正鋒取勁，側筆取妍」的《蘭亭》分道揚鑣。

〔註78〕 〔清〕劉熙載：《藝概·書概》，上海：上海書畫出版社，1979 年。

第 3 章　宋代《蘭亭》接受 ^{〔註1〕}

3.1 宋代帝王的《蘭亭》接受

3.1.1 宋太宗和《蘭亭》

　　時至宋代，幸運的《蘭亭》再次得到帝王的「禮遇」，在最高權力的中心，宋宗室中頗多雅好《蘭亭》者。如果說唐太宗掀開了《蘭亭》接受的錦帷一角，那麼宋帝王一貫的熱衷之情讓《蘭亭》接受的藝術行爲持續升溫。

　　一個不容忽視的事實是幾乎歷朝歷代的皇帝都屬意翰墨，不論其書藝水平如何，單單對於書法的雅好就不啻傳達出帝王保存「斯文」的努力。這是因爲帝王的特殊身份使其日常生活中的每一件小事都包含了「言外之意」的可能。宋代帝王亦然如此，他們有濃重的翰墨情結，操勞國政之餘，在書法藝術領域也取得了不斐的成就。那個傳說中「一條軍棒打出四百軍州」的開國之君宋太祖，雖以神武定天下，仍不乏筆情墨趣，其「書箚有類顏字，多帶晚唐氣味」〔註2〕，在「書之廢，莫廢於今」〔註3〕的特殊時期，宋太祖的書法僅僅爲宋初書法的式微做出注腳，於是中興大宋書法的神聖使命就落在了宋太宗身上。淳化三年，由宋太宗倡導、王著摹刻的《淳化閣帖》問世。

〔註 1〕　水賚祐撰有《宋代〈蘭亭序〉之研究》一文，對此頗多闡述，可參閱，該文載入「宋代《蘭亭序》研究」，中國書法家協會主編，《第四屆書學研討會論文集》，重慶：重慶出版社，1993 年，第 84～104 頁。

〔註 2〕　〔宋〕蔡絛：《鐵圍山叢談》，北京：中華書局，1983 年。

〔註 3〕　〔宋〕歐陽修：《集古錄》，景印文淵閣《四庫全書》681 冊，臺北：商務印書館，1986 年。

這部書法類寶典對於振興低靡的書壇無疑起到了非常有效的作用。它的問世改變了傳統直接授受的師承關係，當大量珍貴書迹能夠成爲平常人的學習資料時，個人私淑的學書方式爲書法全面繁榮的實現提供了可能。據史載「太宗皇帝嘗遣使購募古先帝王名臣墨帖，集爲十卷，淳化三年冬，詔刊之後，大臣登二府皆以賜焉」〔註4〕，其重視程度可謂空前未有。《淳化閣帖》收錄的書迹從上古至唐，共分十卷，清人劉熙載說：「及宋太宗復尚二王，其命翰林侍書王著摹《閣帖》，雖博取諸家，歸趣實以二王爲主」〔註5〕。之所以這樣說是因爲《閣帖》從第六到第十卷均爲二王書迹，而前五卷除了帝王書迹外，皆是學王一系或近於王書，諸如褚、虞、歐、陸等等，可見宋太宗「崇王」的傾向顯而易見。這不禁令人聯想起唐太宗對王羲之的無比崇尚之情。爲什麼兩朝太宗會有如此相似的審美取向？深入思考，就會發現兩個太宗還有諸多相似之處，從招引文士、推崇儒學、修訂文獻、搜集書畫遺迹等多個方面都不謀而合。同爲開國第二任國君的身份認同，使唐太宗和宋太宗面臨的難題也驚人的相似，即爲如何強化皇權的合法性而大傷腦筋。「貞觀之治」的成功案例爲宋太宗朝如法炮製訂立了效法的準則。於是，在實現「普遍皇權」的過程中，宋太祖首先踏上那條康莊大道——「初唐的朝廷學術告訴他們應該通過對文化傳統與形式的編纂、綜合，讚美海內的重新統一，改變五代以來的文化衰落」〔註6〕——成功造就「奉天承運」保祐下的安逸之邦。在這樣的一種情境下，宋太宗繼而扮演了獎掖文化傳統和接續有唐文脈的角色，他對書法藝術的復興也是構建諸多文化政策中不可或缺的一個維度。對此，從《宋會要輯稿·崇儒》的記載中約略能參透出些許信息：「眞宗大中祥符五年十一月，內出太宗御集及御書法帖總三百三十六卷，示輔臣曰：『太宗嗜學實由天縱，屬思援翰，心極精妙』……王旦曰：『以文章化人成俗，實自太宗始也。五代以來，筆箚無體。鍾、王之法幾乎絕矣。太宗在南宮，留意翰墨，斷行片簡傳之於外，則爭求之，實爲楷法。自是學者書體丕變，實聖教所致』」。這是對太宗書法教化之功的極力肯定，書風的變化可能還有很多原因，但帝王的推進作用一定是其中的主導原因。

〔註4〕 〔宋〕劉次莊：《法帖釋文》，景印文淵閣《四庫全書》681 冊，臺北：商務印書館，1986 年。

〔註5〕 〔清〕劉熙載：《藝概·書概》，上海：上海書畫出版社，1979 年。

〔註6〕 〔美〕包弼德：《斯文》，劉寧譯，南京：江蘇人民出版社，2001 年，第 155 頁。

　　與唐太宗振興書法的方法類似，宋太宗也是通過親自躬行、臨池筆墨和訂立書家楷則而喚醒沉睡的書壇慢慢復蘇。《墨池編》載：「太宗方在躍淵，留神墨妙。斷行片簡，已為時人所寶。及既即位，區內砥平，朝廷燕寧。萬幾之暇，學書至於夜分，巧倍前古，體兼數妙，英氣奇采，飛動超舉，聖神絕藝，無得而名焉。帝善篆、隸、草、行、飛白、八分，而草書冠絕。」儘管君臨天下而日理萬機，太宗還能專注於書法，用力之勤，令人敬仰。對此，他做如是說：「但中心好之，不能輕棄，歲月既久，雖盡其法。然小草書，字學難究；飛白筆勢罕工，朕習此書，使不廢絕耳」〔註7〕，太宗顯然是以一種「鐵肩擔道義」的神聖使命感來期許自己，是以接續「書法傳統」的傳薪者而自居。同時，宋太宗經常把自己的書法作品贈給寵臣，如此既加強了君臣之誼，又讓書法在這種特殊的「授受」禮儀中而獲得新的意義。再說訂立書家楷則，與唐太宗獨尊羲之不同，宋太宗朝推出的《淳化閣帖》以一種較為包容的心態把宋以前的諸多書家同時列為效法的楷模。首先是對帝王一系書迹的肯定，其次列舉名臣和名家書作，尤重二王書迹。儘管關於二王書法地位孰高孰低的問題，自東晉以來就在此起彼伏的評論中難分高下。到唐太宗時把大王推上了中國書法的金字塔尖，唐李嗣真在《書後品》中右軍「可謂書之聖也」的盛讚更加穩固了右軍「天下第一」的寶座。而《淳化閣帖》卻對二王並舉同重，這其間既包含了對唐太宗朝的認同，也不乏大膽超越的創見。但兩個太宗對於《蘭亭》卻有著跨越時空的「共鳴」。顯然，《蘭亭》真本亡矣的事實使「《蘭亭》運動」在宋代已無法再現，為了讓心中的失落得以釋懷，表達自己那揮之不去的「蘭亭」情結，宋太宗寫出了《御書前人詩》「不到蘭亭千日餘，嘗思墨客五雲居。曾經數處看屏障，盡是王家小草書」〔註8〕的詩篇。筆者管見所及，宋太宗對《蘭亭》接受的直接記載並不豐富，僅就這篇詩句而言，宋太宗儼然把《蘭亭》當作二王書法的代表之作來看待，他對《蘭亭》的認可等同於對二王其他作品的認可，反之亦然。儘管這是不同層面的問題，尚且存在著《蘭亭》真偽之爭等等問題，但對於宋太宗而言，此時卻可以用模糊的方法處理，他對《蘭亭》的接受亦可以看作是對二王書法的接受——《淳化閣帖》就是明證。

〔註7〕　〔宋〕朱長文：《墨池編》卷三，景印文淵閣《四庫全書》681 冊，臺北：商務印書館，1986 年。

〔註8〕　〔宋〕桑世昌：《蘭亭考》卷二，景印文淵閣《四庫全書》682 冊，臺北：商務印書館，1986 年。

3.1.2 宋徽宗和《蘭亭》

清人王士禛在《池北偶談》中引用元人康里子山的一句話來評價趙佶，「宋徽宗諸事皆能，獨不能爲君耳」。如此評價，不啻爲對他的莫大諷刺。其實在即位之初，徽宗確有過一段勵精圖治的輝煌業績，並非一味的昏庸無能。況且，宣和年間的敗落由多種原因構成，不能完全歸咎於徽宗對「筆硯、丹青、圖史、射御」〔註9〕的鍾愛。其實，正如前文多次論及，作爲一國之君的徽宗，他對書畫藝術的熱情也絕不能用單純的喜好來詮釋。對此，從徽宗朝訂立的兩項著名書法政策即可反映出來。其一，復興書學。這一舉措與復興算學、醫學、畫學並行。對此，徽宗認爲「以書用於世，先王爲之立學以教之，設官以達之，置使以諭之。蓋一道德，謹法守，以同天下之習。世衰道微，官失學廢，人自爲學，習尚非一，體畫各異，殆非所謂『書同文』之意。今四方承平，未能如古，蓋未有校試勸賞之法焉。今欲倣先王置學設官之制，考選簡拔，使人人自奮，有在今日。所有圖畫之技，朝廷所以圖繪神像，與書一體，今附書學爲之校試約束，謹修成書畫學，勅令格式一部，冠以崇寧國子監爲名」〔註10〕，引用以上長篇累牘的論述，旨在說明徽宗朝復興書學的舉措已經上陞爲一種政治活動，書法作爲傳道、立教的手段，具有牢不可撼的神聖使命。其二，大觀三年，《大觀帖》問世。鑒於《淳化閣帖》字迹漫漶，且王著標題率多舛錯，徽宗命臣等更定次序，重摹上石，命丞相蔡京重題各帖標題與各捲款識。《大觀帖》字行高於《淳化閣帖》兩寸，亦爲十卷，第一卷爲歷代帝王書，後二、三、四卷爲歷代名臣法帖，第五卷爲諸家古法帖，六、七、八卷爲王羲之書，九、十卷爲王獻之書。《大觀帖》因與《秘閣續帖》、《書譜》、《十七帖》同刻於內府太清樓，所以又共稱爲《太清樓帖》。從內容上看，二王書法在《大觀帖》中仍然佔有重要地位，雖然其內容與《淳化閣帖》有別，但宗王的思想並沒有改變，太宗、徽宗朝的書法理念一脈貫通。

值得注意的是，《蘭亭》被收入《大觀帖》之中，借助皇權推動的藝術寶典有著廣泛的接受群體，《蘭亭》再次受到眾人的矚目和親睞。宋徽宗亦臨寫過《蘭亭》，翻檢史料，有如下兩則記載。其一，據《寶真齋法書贊》記載：

〔註 9〕　〔宋〕蔡絛：《鐵圍山叢談》卷一，北京：中華書局，1983 年。
〔註10〕　〔宋〕章如愚：《群書考索》後集卷三十，景印文淵閣《四庫全書》938 冊，
　　　　　臺北：商務印書館，1986 年。

「維帝天縱博雅，日新典學，太平文物之盛，跨漢軼唐，興書學以勵能，繪古圖而詔後，蓋已揚光千載，冠嬈百世，復因肆筆，申賁前賢，不泥其法，而尚其材，不考其文，而摭其意，帝王盛心，於是乎寓。」〔註11〕其二，據《攻媿集》記載：「臣嘗觀《蘭亭修禊序》草本流傳千載，唐太宗求之尤勤，自謂心摹手追一人而已。唐人作字無不倣之者，故南唐後主謂善法書者各得右軍之一體。……觀此言則是終無有得其全者。恭惟徽宗皇帝天縱多能，筆力超邁，高掩前古，自出機杼。真書《禊序》雖曰出於薛稷，而楷法精妙，何止青出於藍而已。」〔註12〕雖然只是以「他者」的眼光描述所見到的徽宗《蘭亭》臨本，其間不免因夾雜著臣子對帝王的敬畏和崇拜的之情而生成溢美與誇張的讚譽，但至少可以證明徽宗臨寫《蘭亭》的事實已然存在。由於徽宗的《蘭亭》臨寫本今已不傳，我們無法蠡測它們將會是何種情形。第一則把徽宗御書《蘭亭》放置在「興書學以勵能」的宏大背景下，「不泥其法，而尚其材，不考其文，而摭其意」，說明徽宗的臨寫活動不拘泥於追求純粹書法技法層面的形似和神似的完美統一，是借著臨寫《蘭亭》這一行為本身而發揚帝王興書學的價值取向。第二則對徽宗御書《修禊序》的描寫進行了評價，借用李煜的「善法書者各得右軍之一體」的說法，認為前賢「終無有得其（右軍）全者」，而唯有徽宗書法「筆力超邁，高掩前古，自出機杼」。在此筆者不禁發問，讚譽中的「自出機杼」是不是超越了臨摹追求的逼真要求呢？於是我們對徽宗所臨寫的《蘭亭》產生懷疑，到底與《蘭亭》風格有幾分相似？眾所周知，宋徽宗的書法以其頗具創意的個性化的「瘦金體」而著稱，陶宗儀《書史會要》云：「（徽宗）萬幾之餘，翰墨不倦。行草、正書筆勢勁逸，初學薛稷，變其法度，自號瘦金書」。「瘦金書」，乃趙佶獨創，筆勢勁逸，是一種非常特殊的書體，本為「瘦筋書」或「瘦勁書」，由於徽宗好金，以金為吉，後人易「筋」、「勁」為「金」，也表示對御書的尊重。關於其淵源，有源自虞世南、薛稷、李後主、黃庭堅等多種說法〔註13〕，其中源自薛稷說

〔註11〕　《徽宗聖文皇帝御書晉右軍將軍金紫光祿大夫王羲之字逸少〈蘭亭序〉真迹一卷》載入〔宋〕岳珂：《寶真齋法書贊》卷二，景印文淵閣《四庫全書》813冊，臺北：商務印書館，1986年。

〔註12〕　《宋徽宗御書〈修禊序〉》載入〔宋〕樓鑰：《攻媿集》，上海：商務印書館，1936年。

〔註13〕　關於「瘦金書」的淵源，有如下幾種的論述：宋蔡絛《鐵圍山叢談》云：「裕陵作黃庭堅書體，後自成一法」；明代陶宗儀《書史會要》云：「初學薛稷，變其法度，自號瘦金書」；明顧復《平生壯觀》云：「道君書如山澤臞叟，蘆

已成爲共識。上述評論中「眞書《禊序》雖日出於薛稷，而楷法精妙，何止青出於藍而已」，在初唐「書貴瘦硬」的書風下，薛稷的書法被董迫在《廣川書跋》中評曰：「至於用筆纖瘦，結字疏通，又自別爲一家」，其承傳關係非常明顯。由此推斷，接近薛稷風格的眞書《禊序》也許是「瘦金」版的《蘭亭》，是經徽宗個人風格演繹後的《蘭亭》。

3.1.3 宋高宗和《蘭亭》

宋高宗的登基是在一種極爲特殊的環境下實現的，靖康元年到靖康二年（1126～1127）金兵鐵蹄橫掃中原，中國北部的領土喪失殆盡，皇室家屬遭到虜獲，徽宗、欽宗二帝亦未能倖免，北宋王朝的重要機構幾近消亡。僥倖逃脫的趙構於靖康二年五月初一，在南京稱帝，成爲有宋史上第十個皇帝。任何一個新興王權正統地位的確立都需要相當漫長的過程，這對於危機四伏中建立起來的南宋，尤其如此。由於高宗是欽宗的兄弟而非後代，其「維權」的任務就更加嚴峻。建炎三年，大將軍苗傅和劉正彥發動政變，將高宗還未成年的兒子推上了王位。從倒臺到復辟雖只是二十五天的苦難，卻給高宗以致命的打擊，這種不光彩的經歷無疑將促使他實施更爲有效的手段以穩固自己的政權。

和許多帝王一樣，高宗也明確意識到御筆本身即是「政統」的重要象徵，於是他把對書法的喜好與建立具有儒家聲望的皇家政權的需求緊密結合起來。作爲身居高位的帝王，很多初衷都會堂而皇之的掩藏起來，高宗和朝臣的談話中表明自己對書法樂此不疲的精神僅僅緣於由衷的喜愛之情，「朕退朝省覽四方章奏，多遊意於翰墨，不以爲倦」〔註14〕；「朕以謂人之常情必有所好，或喜田獵，或嗜酒色，以至其他玩好，皆足以蠱惑性情，廢時亂日。朕自以學書賢於他好，然亦不至廢事也。」〔註15〕這的確是一種高雅的興趣，相比田獵和聲色，「妙手雙暢」的臨池之趣的確能昇華人生境界。但高宗卻不

鹽瘦生，鶉衣而蔦肩，絕無富貴氣象，此學李後主筆法」；清代王文治《論書絕句》：「筆態沖融似永興」；清楊守敬《學書邇言》云「褚河南《雁塔聖教序》，……宋徽宗瘦金，實從此脫胎也。」詳見水賚祐：《皇帝書家——宋徽宗趙佶》，載入《趙佶的書法藝術》，北京：人民美術出版社，1995年。

〔註14〕〔宋〕《群書會元截江綱》卷二，景印文淵閣《四庫全書》934冊，臺北：商務印書館，1986年。

〔註15〕〔元〕佚名：《宋史全文》卷二十上，景印文淵閣《四庫全書》330～331冊，臺北：商務印書館，1986年。

止於此，他深知文字爲載體的書法具有很強的教化之功。高宗每天都會臨習
書法，除了臨摹古代書家經典之外，他還遍書儒家典籍，諸如《孟子》、《論
語》、《孝經》、《詩經》、《尚書》等等，並把它們賜給朝臣，「盡管高宗也表達
了自己希望提高官員們書法水平的願望，但這些遺贈的潛在目的可能是要激
起受贈者對他的忠誠和奉獻」，這不愧爲「潤物細無聲」的教化。「在高宗統
治早期，他偏愛於選擇鼓舞受贈者履行他們的職責的文章。對於他的將軍們，
他中意唐朝將軍裴度和郭子儀的傳記。對於普通官員，他經常贈其含有王朝
復興主題的某些作者的作品。如漢光武帝的詔書和與周統治者宣王聯繫在一
起的《詩經》中的詩歌。但是在十二世紀三十年代末，高宗摘選的篇章內容
越來越多地傾向於解說儒家官員對他的統治者應盡的責任的文章，而高宗最
喜歡的《孝經》中的文章」〔註16〕。成功的是，高宗的確得到大臣們的回應。
黃潛善在接受御書《孟子》之言七章後，上奏曰：「所摭孟軻當年之格言，皆
切本朝今日之急務。屛幃之內，聖賢滿前，因知心術之接在茲，非以字畫之
妙爲貴。臣等愧衰職之非，宜幸聖學之多進」〔註17〕。再如紹興五年，「上書
《車功》詩賜宰臣趙鼎等。翌日，宣諭曰：朕觀《鴻雁》、《車攻》、乃宣王中
興之詩，當與卿等夙夜勉勵，修政事攘夷狄。鼎曰：陛下游戲翰墨之間，亦
不忘恢復，臣等敢不自勉。」〔註18〕臣下出色的「揣摩上意」，翰墨以有形的
書寫性實現了承載藝術維度之外的政治論化的功能。把御書的政治內涵推向
極致的要數秦檜刊刻高宗書《六經》，這一舉措把儒家正統文化的代表──《六
經》再次推向了神聖地位。秦檜奏曰：「陛下聖德如此，三代顯王何以加諸，
時上所寫《六經》與《論語》、《孟子》之書皆畢，檜因請刊石於國子監，仍
頒墨本賜諸路州學，詔可。」〔註19〕《六經》石刻的大量刊刻，讓更多的人
可以澤被聖主龍恩，這不但有利於儒家經典思想成爲時代的共同話語，也使
書法本體得到更廣泛群體的關注。於是高宗用怎樣的書體書寫《六經》就非
常重要，因爲書體會借著書寫的神聖意蘊而得以提升，勢必成爲眾人效法的
典範。因爲高宗御書《六經》已不流傳，我們也無法知曉是哪種書體如此幸

〔註16〕　〔英〕茱麗亞・K・莫雷：《宋高宗：藝術家和讚助人──王朝復興》，《榮寶
　　　　　齋》，2003 年第 1 期。

〔註17〕　〔清〕徐松：《宋會要・崇儒》，苗書梅點校，開封：河南大學出版社，2001 年。

〔註18〕　〔宋〕《群書會元截江綱》卷二，景印文淵閣《四庫全書》934 冊，臺北：商
　　　　　務印書館，1986 年。

〔註19〕　〔宋〕李心傳：《建炎以來繫年要錄》卷一百五十，北京：中華書局，2000 年。

運而爲御書選中。

　　以上筆者著重分析高宗御書的內容問題，下文筆者將探討御書的形式問題，即高宗的書法審美觀。首先從宋高宗的書學淵源入手，樓鑰說「高宗皇帝垂精翰墨，始爲黃庭堅書，今《戒石銘》之類是也。僞齊尚存，故臣鄭億年輩密奏，豫方使人習庭堅體，恐緩急與御筆相亂，遂改米芾字，皆奪其眞」〔註20〕。劉豫政權係金滅北宋，挾徽、欽二帝北歸後，在中原行使漢制政策，僭立張邦昌、劉豫二人爲帝。張邦昌即僞楚，劉豫則爲僞齊。也許正因爲高宗學山谷書風，劉豫故意讓人效法黃字，以達到相亂御筆的政治目的。有鑒於此，高宗改變書風，以米芾爲師法的對象。有觀點認爲高宗對米芾書法產生興趣是因爲米友仁的影響，事實並非如此。高宗學習米芾的時間始於 1134年，而米友仁擔任宮廷的鑒定工作在 1136 年。那麼反之則可成立，即高宗對米芾的欣賞可以增重他對米友仁信任的籌碼：「上好米芾書，嘗裒其遺墨刻石藏之禁中，友仁能世其業，上眷待甚厚」〔註21〕。在《翰墨志》中，高宗如此評價米芾：「得能書之名，似無負於海內。芾於眞、楷、篆、隸不甚工，惟於行草誠入能品，以芾收六朝翰墨，副在筆端，故沉著痛快，如乘駿馬，進退裕如，不煩鞭勒，無不當人意。然喜效其法者，不過得外貌，高視闊步，氣韻軒昂，殊不究其中本六朝妙處，醞釀風骨，自然超逸也。昔人謂支遁道人愛馬不韻，支曰：貧道特愛其神駿耳，余於芾字亦然。又芾之詩文，詩無蹈襲，出風煙之上，覺其詞翰，迥有凌雲之氣，覽者當自得。」看來米芾之所以如此吸引高宗，不僅是其「沉著痛快」風格打動了聖上，更爲關鍵的是他那本於六朝的風韻和格調以及他悉心濡染和臨摹晉帖的價值取向，對於引導高宗脫離北宋書壇的影響而轉向一種更爲高雅的書藝境界起到了至關重要的作用。於此，米友仁又扮演了舉足輕重的角色。岳珂有言「後復好公（米芾）書，以其子敷文閣直學士米友仁侍清燕，而宸翰之體遂大變，追晉轢唐，前無合作」〔註22〕。曹寶麟認爲，高宗的「魏晉情結」也與早年受到《定武蘭亭》的影響有關。〔註23〕王明清《揮麈後錄》曰：「薛紹彭既易《定武蘭亭》

〔註20〕　〔宋〕樓鑰：《攻媿集》卷六十九，上海：商務印書館，1936 年。

〔註21〕　〔宋〕李心傳：《建炎以來繫年要錄》，卷一百五十四，北京：中華書局，2000 年。

〔註22〕　〔宋〕岳珂：《寶眞齋法書贊》卷十九，景印文淵閣《四庫全書》813 冊，臺北：商務印書館，1986 年。

〔註23〕　曹寶麟：《中國書法史·宋代卷》，南京：江蘇教育出版社，2002 年，第 262 頁。

石歸於家，政和中，祐陵取入禁中，龕置睿思東閣。靖康之亂，金人盡取御府珍玩以北，而此刻非敵所識，獨得留焉。宗汝霖爲留守，見之，並取內帑所掠不盡之物馳進於高宗。時駐蹕維揚，上每置左右。踰月之後，敵騎忽至，大駕倉猝渡江，竟復失之。向叔堅子固爲揚帥，高宗嘗密令冥搜之，竟不獲。」無論是米友仁的影響，還是早年受《定武蘭亭》的濡染，對於魏晉書法的崇尚構成高宗書法審美觀最重要的組成部分。深入魏晉書法既久，高宗曾如此總結自己的學書經驗，「學書必以鍾王爲法，然後出入變化，自成一家」〔註24〕；「余自魏晉以來，至於六朝筆法無不臨摹。或蕭散，或枯瘦，或遒勁而不回，或秀異而特立，眾體備於筆下，意簡猶存於取捨」〔註25〕。

在高宗心中，王羲之代表著書法的極則，《翰墨志》中如是說，「每得右軍或數行或數字，手之不置，初若食蔗，喉間少甘則已，末則如食橄欖，眞味久愈在也，故尤不忘於心手。頃自束髮，即喜攬筆作字，雖屢易典刑，而心所嗜者，固有在矣。凡五十年間，非大利害相妨，未始一日捨筆墨」。而單就作品論，高宗最推崇《蘭亭》。「禊亭遺墨，行書之宗，眞百世不易之訓」〔註26〕；「右軍他書豈減《禊帖》，但此帖字數比他書最多，若千丈文錦，卷舒展玩，無不滿人意，軫在心目不可忘。非若其他尺牘，數行數十字，如寸錦片玉，玩之易盡也。」……「至若《禊帖》則測之益深，擬之益嚴，姿態橫生，莫造其原，詳觀點畫，以成至誦，不少去懷也。」〔註27〕值得注意的是，高宗把對《蘭亭》的喜好之情和他的爲政之道緊密聯繫在一起，高宗不僅御賜群臣其書寫儒家典籍的大作，還親自臨寫《蘭亭》分賜呂頤浩、孫近薌、錢端禮等大臣，宮廷上下摹寫《蘭亭》蔚爲風氣。據《蘭亭考》載《呂頤浩謝賜御書蘭亭表》「恭惟皇帝陛下好學性成，多能天縱，稍屬干戈之暇，不遺翰墨之娛，心摹手追，何勞取法。龍盤鳳翥，直與抗衡。實惟今古之無雙，豈止帝王之第一？」呂頤浩的上表不乏溢美之意，從一個側面反映出《蘭亭》確因高宗的衷愛而引起朝臣的重視。更爲可觀的是，「宋高宗善書學，擇諸王命史彌遠教之，視可者以繼統，孝宗其一也。高宗因出秘府《蘭亭》使

〔註24〕　〔宋〕王應麟：《玉海》卷三十四，南京：江蘇古籍出版社，1987 年。
〔註25〕　〔宋〕趙構：《翰墨志》，收入《歷代書法論文選》，上海：上海書畫出版社，1979 年。
〔註26〕　〔宋〕王柏：《魯齋集》卷四，北京：中華書局，1985 年。
〔註27〕　〔宋〕趙構：《翰墨志》，收入《歷代書法論文選》，上海：上海書畫出版社，1979 年。

之各書五百本，以試其能。孝宗不旬日，臨七百本以進」〔註28〕。孝宗把摹寫《蘭亭》作爲日課，臨摹數量之多令人驚歎。可見一旦榮升爲爭奪皇權的重要砝碼時，《蘭亭》受到的重視程度就非同一般了。高宗以此作爲選擇繼承人的考覈手段，足以看出在他心目中《蘭亭》具有強烈的「法正統」意味。

3.2 宋代文人的《蘭亭》情結

3.2.1 北宋書家的《蘭亭》接受

1. 引子：楊凝式《韭花帖》對《蘭亭》的超越

楊凝式在中國書法史上是由唐入宋的轉捩式的人物。唐代「官僚式」書法轉變成宋代「文人化」書法，最初的端倪從其書作便隱約可見。就是這個被人稱爲「楊瘋子」的書家，對於開啓有宋一代「尚意」書風起到了承前啓後的重要作用。正如蘇東坡所言，「自顏、柳沒，筆法衰絕。加以唐末喪亂，人物凋落，文采風流掃地盡矣。獨楊公凝式筆迹雄傑，有二王、顏、柳之餘，此眞可謂書之豪傑，不爲時世所汩沒者」〔註29〕。

楊凝式，字景度，號虛白，別署希維居士，關西老農，陝西華陰人。生於癸巳年，又號「癸巳人」，其官至「太子少師」，又稱「楊少師」。楊凝式在書法創作中不喜尺牘而尤好題壁，「居洛下十年，凡琳宮佛祠牆壁間，題記殆遍」〔註30〕，宋初李建中詩云：「枯杉倒檜霜天老，松煙麝煤陰雨寒。我亦生來有書癖，一回入寺一回看」〔註31〕。黃庭堅亦說：「余曩至洛師，遍觀僧壁間，楊少師書無一不造微入妙，當與吳生畫爲洛中二絕」〔註32〕。這位「題壁聖手」僅留下了《韭花帖》、《神仙起居法》、《夏熱帖》、《盧鴻草堂十志圖跋》等四種墨迹，但這絲毫不會影響他的書法地位，一如唐代詩人張九齡以孤篇《春江花月夜》而譽滿詩壇，楊凝式僅以《韭花帖》方可成就書名。本文擬就從《韭花帖》入手來談談楊凝式是如何接受《蘭亭》的。

翻檢書論，歷代對《韭花帖》的讚譽不勝枚舉。李瑞清臨《韭花帖》後

〔註28〕 〔元〕王惲：《玉堂嘉話》卷四，北京：中華書局，2006 年。

〔註29〕 〔明〕潘之淙：《書法離鉤》卷七，北京：中華書局，1985 年。

〔註30〕 〔宋〕佚名：《宣和書譜》，上海：上海書畫出版社，1984 年。

〔註31〕 〔宋〕李建中：《題楊少師題大字院壁後》。

〔註32〕 〔宋〕黃庭堅：《山谷集》卷二十八，景印文淵閣《四庫全書》1113 冊，臺北：商務印書館，1986 年。

題跋:「楊景度爲繇唐入宋一大樞紐。此書筆筆斂鋒入紙,蘭亭法也。思翁以景度津逮平原,化其頓挫之迹,然終身不出範圍。」〔註33〕董其昌稱此帖「略帶行體,蕭散有致,比楊少師他書欹側取態者有殊」〔註34〕;楊守敬稱其「醇古淡雅,實足爲三唐之殿」〔註35〕;陸世韶跋云:「《韭花帖》膾炙舊譜,今購眞迹,風度凝遠,古法進逸,虞、歐後,欲自作祖矣,楊少師故是參悟一流,卓然見其道韻翩躚高邁,襄陽驚歎,何怪焉。余輩得見此八百年神明物,良是大幸事」〔註36〕。如此種種,極盡讚美之能事,《韭花帖》實乃五代書法的經典之作,甚而還贏得了「五代蘭亭」的美稱。那麼它和《蘭亭》有怎樣的淵源關係,它是在怎樣的藝術層面達到「超唐追晉」的呢?

黃庭堅有詩言:「俗書喜作《蘭亭》面,欲換凡骨無金丹。誰知洛陽楊風子,下筆便到烏絲欄」〔註37〕,此詩乃山谷題跋楊凝式《夏熱帖》所作。詩意非常明瞭,極言楊凝式下筆不凡,品調高雅,有別於世人不得要領而把《蘭亭》寫俗,其潛臺詞表明楊凝式的書法不以俗態示人。以《韭花帖》爲例,由於屬於行楷書體系,介於行書和楷書之間,它和《蘭亭》天然有著相似之處,但它卻沒有落入常人俗書窠臼,寫得清逸瀟灑,風神簡約。全篇共七行六十餘字,係寫給友人信箚,內容敘述午睡醒來,腹中甚饑之時,恰逢有人饋贈韭花,吃過可口的食品,心情甚佳,遂執筆回信以表謝意。筆者以爲《韭花帖》無論在用筆還是在章法上都與「唐人版」《蘭亭》迥然有別,進一步說,《韭花帖》是具有濃重魏晉氣息的佳構,其格調和韻致遠在其上,抑或說,在對《蘭亭》的受容中,它發展並提升了「唐人版」《蘭亭》。首先從用筆而言,《蘭亭》多尖鋒入紙,側鋒取妍,精緻靈動;《韭花》則以藏鋒爲主,厚重凝練,含蓄沉著。從結體而言,《蘭亭》多以方形爲主,結字緊密,欹側姿媚;《韭花》多以長形爲主,超出常規,獨出機杼,或左右錯位、或上下不齊、或頭重腳輕,然一切出於自然,毫無造作之氣。以《韭花帖》中與《蘭亭》(神龍本)相同的字爲例對比(如圖 3-1),《韭花帖》中的「畫」與《蘭亭》中的

〔註33〕 〔清〕李瑞清:《清道人遺集佚稿・玉梅花盦臨古各跋》。
〔註34〕 〔明〕董其昌:《容臺集》,《四庫禁燬叢刊》,北京:北京出版社,2000 年。
〔註35〕 〔清〕楊守敬:《學書邇言》,北京:文物出版社,1982 年。
〔註36〕 〔清〕張照:《石渠寶笈》卷五,景印文淵閣《四庫全書》824～825 冊,臺北:商務印書館,1986 年。
〔註37〕 〔宋〕黃庭堅:《山谷集》,景印文淵閣《四庫全書》1113 冊,臺北:商務印書館,1986 年。

「盡」相近,「畫」較「盡」鋒穎收斂,含蓄雅致。一長橫的占位處理不同,「畫」伸左讓右,而「盡」較爲突出右邊收筆處。在並列橫畫的處理上,「畫」注意同一方向的反覆運用,排疊更加有序、理性,利用粗細長短進行變化,注意密集和鬆散的對比之美;而「盡」則從方向、長短、粗細等方面極盡變化之能事,充溢了靈動之美。「察」字在兩帖中都有,《蘭亭》「察」中線平均,左右空間對比不強烈,空間感不甚顯明;而《韭》帖則避免平板,中線右移,把撇畫處理成縱向性,壓縮「示」,使其緊密的造型與上半部分形成強烈的疏密反差。《韭》中「興」給人以平實之感,筆畫的粗細、方向沒有太多的變化,不華麗,不張揚,正面示人;《蘭》中則字取斜勢,重心右移,筆畫間的粗細變化極爲明顯。「陳」字《韭》的「耳」旁,虛化搭接,《蘭》則交叉連接,捺腳的含蓄處理,兩帖相似。《韭》中「陳」突出縱向直線性,秩序感強,兩長豎幾乎平行,沒有明顯向背關係,而《蘭》中,「陳」的兩豎爲相向關係,「東」內橫畫與兩豎搭接,突出橫向,而消解縱向。包世臣曰,「蓋少師結字,善移部位,自二王以至顏、柳之舊勢,皆以展蹙變之,故按其點畫如眞行,而相其氣勢則狂草。山谷云:……言其變盡《蘭亭》面目而獨得神理也。《蘭亭》神理在『似奇反正、若斷還連』八字。」〔註38〕康有爲亦云:「右軍惟善學古人而變其面目,後世師右軍面目,而失其神理。楊少師變右軍之面目,而神理自得,蓋以分作草,故能奇宕也。」〔註39〕根據以上幾個字的對比分析,可以得出這樣的結論:在字形結構方面,楊凝式深得右軍神理,並能適時以精嚴的技巧表達出較爲含蓄的意蘊來。

圖 3-1:《韭花》與《蘭亭》相似字比較

〔註38〕 〔清〕包世臣:《藝舟雙楫》,上海:商務印書館,1935 年。
〔註39〕 〔清〕康有爲:《廣藝舟雙楫》,上海:上海書畫出版社,1981 年。

從字與字的關係而言，《蘭亭》有明顯的上下引帶關係，上字收尾處連帶出下字的起始處，而《韭花》則更加含蓄，既不像唐楷字與字之間表現爲一種並列關係，也不像《蘭亭》那樣連帶分明，《韭花帖》以自己的話語系統來構建特有的空間美感——「散點式」構圖。字距、行距的過分誇張造成了行氣縱貫而疏朗空靈，打破了唐法保證下的秩序森嚴的橫平豎直的界格範式，使充盈、整飭的美感體驗轉換成典雅中和的境界，變唐人森嚴氣氛爲曠淡抒情，筆墨含蓄而意蘊蕭散。又借助結字的開闔、大小來調節，以使形分離而氣相接。另外，在《韭花帖》中，還參透出一種「拙美」，無論是用筆的凝重遲緩，如篇中撇畫多不出鋒，以住筆爲主。如「饑」、「乃」、「充」、「陳」等，還是結體的出人意料，都蘊含在一種質樸的大美之中，是「清水出芙蓉，天然去雕飾」的自然之美，是不放縱、不恣肆，追求內的、收斂的文人士大夫的書藝境界。與歐、虞、顏、柳個人面目非常強烈的定式不同，《韭花帖》的美讓人一眼望不到底，不以唐楷爲宗，而有魏晉面目。清人吳德旋《初月樓論書隨筆》中曰：「學楊少師書，如讀周、秦諸子，乍看若散漫無紀，細玩卻自有條理可尋。於詩則陶靖節也。」

圖 3-2：《韭花帖》

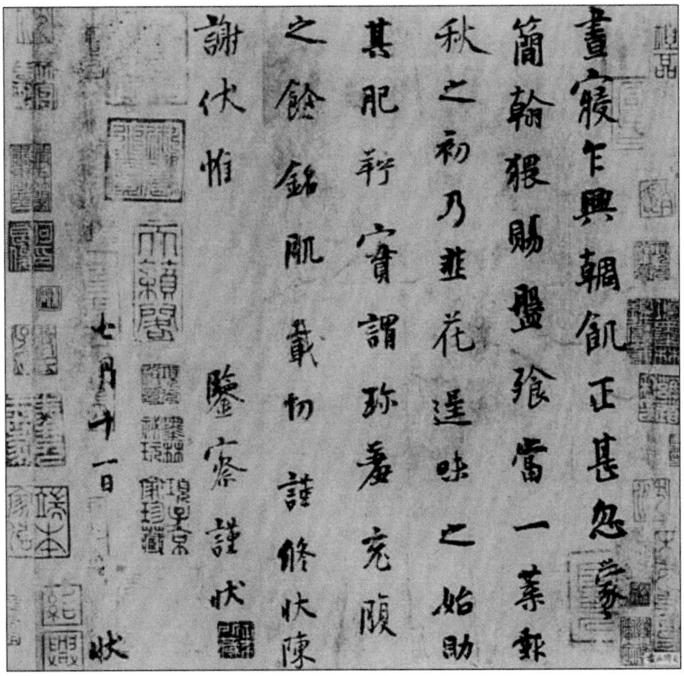

總之，《韭花帖》向我們展示了這樣一個審美境界：崇尚空明、澄澈、高潔的書法理念，蘊含了書家脫俗的風貌，在五代紛亂頻仍，朝不慮夕的時代裏，把生命中最具有溫情而平和的一面呈現出來，滌除唐代楷書「尚法」的禁錮，昭示著「尚意」審美的端倪。

2. 蔡襄對《蘭亭》的誤解

關於蔡襄書法，曹寶麟有一個非常準確的定位，「在他之前，北宋沒有哪個人能對傳統書體作過如此全面和深入的繼承，完全可以說，蔡襄的努力，結束了趙宋百年以來書法渾沌無序的混亂局面，因而他無疑是個『繼絕世』式的人物。但蔡襄有來自時代和本身兩方面的局限，這就決定了他繼往有餘而開來不足。所以蔡襄的歷史地位，只能是一支『尚法』遺緒的安魂曲，而絕不是一座『尚意』發軔的里程碑」〔註40〕。筆者以爲在這樣的語境中討論蔡襄的《蘭亭》接受，較爲恰切。

有關蔡襄和《蘭亭》的論述，筆者管見所及如下：

其一，蔡襄臨寫《蘭亭》：「嘉祐蔡襄本前有『蘭亭禊帖』，後有『嘉祐三年歲次，戊戌三月上巳之辰，莆陽蔡襄』，正書各一行，『會』字全，『因嚮之文』四字無改筆，無界行。宋理宗所藏庚集第一本稱『蔡君謨臨』」〔註41〕。

其二，蔡襄題跋《蘭亭》：跋《范文度模本蘭亭序》云：「右軍《蘭亭》，最著今世，尚有搨本秘閣一本，蘇才翁一本，周越一本，猶有氣象存焉。今觀摹仿，蓋得之矣。嘉祐壬寅五月二十六日，莆陽蔡襄」〔註42〕；又云：「禊事文所收石本模本至七軸，未始有同者，然求其意，可見其眞，嘗於王仲儀家見一本，亦云出於周氏，其點畫微細瘦，不若此書有精神也。襄題」〔註43〕；題《蘭亭模本》云：「《蘭亭》模本，秘閣一本，蘇才翁家一本，周越一本，有法度精神，餘不足觀也。石本惟此書至佳，淡墨稍肥，字尤美健可愛。或云出於河北李學究家，今王公和所藏也。蔡襄」〔註44〕；題《褚模禊帖》

〔註40〕 曹寶麟：《中國書法史·宋遼金卷》，南京：江蘇教育出版社，2002 年，第 78 頁。

〔註41〕 容庚：《蘭亭八十一刻》，《文學年報》，1939 年第 5 期。

〔註42〕 〔宋〕歐陽修：《集古錄》卷四，景印文淵閣《四庫全書》681 冊，臺北：商務印書館，1986 年。

〔註43〕 〔宋〕桑世昌：《蘭亭考》卷五，景印文淵閣《四庫全書》682 冊，臺北：商務印書館，1986 年。

〔註44〕 〔宋〕桑世昌：《蘭亭考》卷六，景印文淵閣《四庫全書》682 冊，臺北：商務印書館，1986 年。

云：「慶曆中襄知福州，才翁爲監司，相從二年，故所藏墨迹奇書，亦多傳摹善本。後於京師王煥金吾借觀，煥暴卒，凡七本皆亡，今攬禊文不覺歎息」〔註45〕；又題《唐搨賜本》：「蠟本雙鈎之法世皆不傳，惟唐翰林院所摹帖中用之，此《蘭亭》蓋當時搨賜侍臣者，卷首尾三印曰：賜書翰林院文字延資庫之印，又有一時官吏署銜名，其詳審如此，決不失眞矣。嘉祐元年正月望，莆田蔡襄題唐搨賜本」；〔註46〕「《曲水序》，世謂之《蘭亭》，嘗觀搨本秘閣一本，蘇才翁周越一本，此外無繼者。晚於王公和處得□本，絕有意思，先臨一本，爲馮當世持去，吾眼目益昏，不可多得也。嘉祐癸卯五月二十八日，臨本與諫奴。題搨本。」〔註47〕

　　以上不難看出蔡襄對《蘭亭》予以充分的肯定，他認爲「右軍《蘭亭》，最著今世」。這種由衷的推崇之情體現在他的身體力行中，不僅悉心臨摹研習，而且多次爲《蘭亭》摹本題跋，可惜現在沒有其臨本傳世，我們也無法欣賞經蔡襄演繹的《蘭亭》會是怎樣的面貌。但蔡襄和《蘭亭》非常密切的關係卻是不容置疑的事實。那麼蔡襄的書法究竟在怎樣的層面上對《蘭亭》接受的，這將是以下討論的核心。

　　書學史上宋四家「蘇黃米蔡」的「蔡」到底是蔡襄還是蔡京，已是眾人通曉的公案。本文無意於對此一爭高下，僅就本論的研究對象「蔡襄」而言。回到北宋初年的一百年間的歷史語境中，最先對蔡襄推崇之至的是歐陽修。「自蘇子美死後，遂覺筆法中絕。近年君謨獨步當世，然謙讓不肯主盟」〔註48〕；又，鄧肅有言，「觀蔡襄之書如讀歐陽修之文，端莊而不刻，溫厚而不犯，太平之氣，鬱然見於毫楮之間」〔註49〕。鄧肅找到歐公修和蔡襄的內在精神的契合點，這也許正是歐陽修對蔡襄書法產生親切感的由來，聊備一說。蘇軾是極力推崇蔡襄的第二人，東坡云：「國初李建中號爲能書，然格韻卑濁，猶有唐末以來衰陋之氣，其餘未見有卓然追配前人者，獨蔡君謨書天

〔註45〕　〔清〕卞永譽：《式古堂書畫彙考》卷五，景印文淵閣《四庫全書》827 冊，臺北：商務印書館，1986 年。
〔註46〕　〔宋〕桑世昌：《蘭亭考》卷五，景印文淵閣《四庫全書》682 冊，臺北：商務印書館，1986 年。
〔註47〕　〔宋〕桑世昌：《蘭亭考》卷五，景印文淵閣《四庫全書》682 冊，臺北：商務印書館，1986 年。
〔註48〕　〔宋〕歐陽修：《歐陽文忠公文集》卷一百三十，上海：商務印書館，1936 年。
〔註49〕　〔宋〕鄧肅：《栟櫚集》卷二十，景印文淵閣《四庫全書》1133 冊，臺北：商務印書館，1986 年。

資既高，積學深至，心手相應，變態無窮，遂爲本朝第一」；「蔡君謨爲近世第一，但大字不如小字，草不如眞，眞不如行也。」〔註50〕繼這兩位執文壇牛耳的盟主之後，對蔡襄的讚譽之聲仍不消歇。李光云：「本朝惟蔡君謨天資超勝，輔以力學，遂爲本朝第一」。〔註51〕鄧肅云：「本朝評書以君謨爲第一，信嘉祐之間可以魁也」。〔註52〕宋朝以後，元鄭杓云：「五代而宋，奔馳崩潰，靡底所止。蔡襄毅然獨起，可謂世間豪傑之士也」〔註53〕；「宋之名家君謨爲首，齊范唐賢，天水之朝，書流砥柱」〔註54〕等等，不勝枚舉。這些評論的共同特點就是極力彰顯蔡襄爲北宋初年的書壇領袖，給予他極高的歷史的地位，但對於其書藝特色卻並未有詳細論述。與此相反，還有這樣一種反面的聲音，對蔡襄的書法持以否定態度：

歐陽修云：「蔡君謨性喜書多學，是以難精。古人各自爲書，用法同而爲字異，然後能名於後世。若夫求悅俗以取媚，茲豈復有天眞耶！唐所謂歐、虞、褚、陸，至於顏、柳，皆自名家，蓋各因其性，則爲之亦不爲難矣。」〔註55〕

黃庭堅云：「蔡君謨書如胡笳十八拍，雖清氣頓挫，時有閨房態度。」〔註56〕

米芾云：「蔡襄如少年女子，訪雲尋雨，體態嬌嬈，行步緩慢，多飾鉛華。」〔註57〕

張邦基云：「吾今日取君謨墨迹觀之，益見其學之精勤，但未得微意爾，亦少骨力，所以格弱而筆嫩也，使其心自得者，何謝唐人。」〔註58〕

〔註50〕 〔宋〕蘇軾：《東坡題跋・評楊氏所藏歐蔡書》，北京：中華書局，1985 年。

〔註51〕 〔宋〕李光：《莊簡集》卷十七，景印文淵閣《四庫全書》1128 冊，臺北：商務印書館，1986 年。

〔註52〕 〔宋〕鄧肅：《栟櫚集》卷二十五，景印文淵閣《四庫全書》1133 冊，臺北：商務印書館，1986 年。

〔註53〕 〔元〕鄭杓：《衍極・至樸篇》，北京：中華書局，1981 年。

〔註54〕 〔明〕項穆：《書法雅言》，北京：中華書局，1985 年。

〔註55〕 〔宋〕歐陽修：《歐陽文忠公文集》卷一百二十九，上海：商務印書館，1936 年。

〔註56〕 〔宋〕黃庭堅：《山谷題跋》，上海：上海遠東出版社，1999 年。

〔註57〕 〔宋〕米芾：《海嶽書評》，北京：中華書局，1985 年。

〔註58〕 〔宋〕張邦基：《墨莊漫錄》卷十載章丞相申公子厚語，北京：中華書局，1985 年。

梁巘也説：「蔡忠惠爲宋一代大家，然骨力軟弱，不及蘇、黃、米三
人」；「蔡君謨楷書尚佳，其行草潦草軟及，不可學也。」〔註59〕

這當頭棒喝來自歐陽修，與前文的讚譽大相徑庭，讓人難以理解。其實，歐陽公對於蔡襄力挽北宋初期低靡書壇而做出的努力是極力首肯的，但涉及到蔡君謨的書法風格時，他便有了不同的看法，而這些眞實的想法在他與兒子的通信中流露出來的。相比之下，黃庭堅、米芾的批評就更加尖銳了。他們都認爲蔡襄的書法有「女郎才」，少骨力，而且是「體態嬌嬈」、「多飾鉛華」的柔媚之相，不免俗態。「俗」最難醫！「蔡君謨所摹右軍諸帖。形模骨肉，纖悉俱備，莫敢踰軼」，雖「近二王」，「其短者略俗耳」〔註60〕，徐渭也如是說。那麼蔡襄是怎樣把字寫俗了的呢？可以肯定，蔡襄是一個典型的擬古主義書家，宋人鄧肅已指出「君謨如杜甫詩，無一字無來處，縱橫上下皆藏古意」〔註61〕。蔡襄私淑晉唐諸家，取法二王、顏眞卿、張旭、懷素等大家，只可惜年輕時起步較低，學過周越，其師承的困惑可能與另一位效法周氏的書家黃山谷「二十年抖擻俗氣不脱」〔註62〕的感受頗有相似之處——「君謨少年時乃師周越，中始知其非而變之，所以恨弱，然已不料其能變之至如此也。」〔註63〕當然取法是不可忽視的一個方面，最重要的還是書家自我的境界如何，且看收錄在《文忠集》卷七十三中蔡襄的一段學書體會：「古之善書者必先楷法，漸而至於行草，亦不離乎楷正。張芝與旭變怪不常，出乎筆墨蹊徑之外，神逸有餘，而與羲、獻異矣，襄近年粗知其意，而力已不及，烏足道哉」。從楷書入手是學書的正確途徑之一，然而當深入到行草書後就進入與楷書不同的書寫狀態，可蔡襄還想固守楷正，這種過於謹愼的習書態度，引起了米芾的反感，稱其爲「勒字」。《書法正傳》中對「勒字」有詳盡的分析，「畫之祖，勒法也。狀如運算元，便不是書。其法初落筆鋒向左急勒回，向右橫過至末復駐鋒折回。其勢首尾俱低，中高拱如覆舟樣。故曰：勒

〔註59〕　〔清〕梁巘：《承晉齋積聞錄》，上海：上海書畫出版社，1984年。

〔註60〕　〔明〕徐渭：《徐文長逸稿》卷二十四，臺北：偉文圖書出版社有限公司，1977年。

〔註61〕　〔宋〕鄧肅：《栟櫚集》卷二十五，景印文淵閣《四庫全書》1133冊，臺北：商務印書館，1986年。

〔註62〕　〔宋〕黃庭堅：《山谷集》外集卷九，景印文淵閣《四庫全書》1113冊，臺北：商務印書館，1986年。

〔註63〕　〔宋〕張邦基：《墨莊漫錄》卷十載章丞相申公子厚語，北京：中華書局，1985年。

常患平。智永、虞世南上，而鍾王多用篆法爲畫；歐陽、褚、薛多用隸法爲畫。秘訣云：豎畫須橫入筆鋒，橫畫須直入筆鋒。此不傳之樞機也。」馮武所闡釋的「勒法」，其實是對唐楷筆法的概括。前文已述，即使今天被認定爲最好的神龍版的馮摹《蘭亭》在用筆方法上也參入了唐人的楷書筆意，在這一層面上——楷法用筆——蔡襄的書法倒是和神龍《蘭亭》有了幾分相似，而《蒙惠帖》，這個蔡襄行楷的代表作，就是用了唐人版《蘭亭序》的筆法，所以蔡襄使用「勒法」越成熟，就越容易流露「俗氣」，看來蔡襄還眞成了「《蘭亭》的傳薪者」反面例證。儘管蔡襄也渴望回到晉人古樸的境界之中，他從心底裏發出對有晉書風的嚮往，「晉人書，雖非名家，亦自奕奕有一種風流蘊藉之氣。」然而時移事易，「緣當時人物以清簡相尚、虛曠爲懷，修容髮語，以韻相勝，落華散藻，自然可觀，可以精神解領，不可以言語求覓也」〔註64〕。蔡襄也就只能站在北宋書壇的最前端爲宋「尚意」之風的開啓而搖旗吶喊了。

3.「尚意」的蘇軾對《蘭亭》的小視

王國維在《文學小言》中說：「三代以下詩人，無過於屈子、淵明、子美、子瞻者，若無文學之天才，其人格亦自足千古。」的確，屈原、陶潛、杜甫、蘇軾是中國文學史乃至於文化史上的精神原型，他們的存在成爲解讀中國文化不可跨越的文化實存。與屈子、淵明、杜甫不同，東坡更是一個全才型的人物，他在詩詞歌賦之餘又開啓了書畫藝術的廣闊天地，成爲北宋「尚意」書風的中流砥柱。於是在「尚意」的背景下考察蘇軾對《蘭亭》的接受問題，對於深入瞭解北宋書學不無裨益。

史料中關於蘇軾和《蘭亭》的記載，多見於東坡和友人的對話中。現摘錄幾則如下：

> 昔章子厚日臨《蘭亭》一卷，東坡聞之以爲，「從門入者不是家珍」，東坡學書宗旨如此。趙文敏臨《禊帖》最多，猶不至，如宋人紛紛聚訟，直以筆勝口耳，所謂善《易》者不談《易》〔註65〕。

> 客有謂東坡曰：「章子厚日臨《蘭亭》一本。」坡笑云：「工摹臨者非自得，章七終不高爾！」予嘗見子厚在三司北軒所寫《蘭亭》兩

〔註64〕〔清〕左因生：《書式》上，日本和刻本書畫集成影印康熙戊戌刊本。

〔註65〕〔明〕董其昌：《畫禪室隨筆》，南京：江蘇教育出版社，2005年，卷一。

本，誠如坡公之言。〔註66〕

章子厚日臨《蘭亭》一本，東坡聞之謂：「其書必不得工，禪家云：
從門入者非是家珍也。」惟趙子昂臨本甚多，世所傳十七跋、十三
跋是已。「世人但學《蘭亭》面，欲換凡骨無金丹」。山谷語與東坡
同意，正在離合之間守法不變，即爲書家奴耳〔註67〕。

近有士人熟讀杜詩，余聞之曰：「此人詩必不佳，所記是棊勢殘著，
元無金鵬變起手局也。因記宋章子厚日臨《蘭亭》一本，東坡曰，『章
七終不高，從門入者非實也』，此可與知者道。」〔註68〕。

蔡卞日臨《蘭亭》一過，東坡聞之曰：「從是證入，豈能超勝？蓋隨
人腳跟轉，終無自展步分也。」〔註69〕

以上，東坡對《蘭亭》的態度似乎有些奇怪，不啻爲對《蘭亭》猛烈的一擊。
然而在他其他的書論中也有對《蘭亭》的正面論述。在《題逸少書》中，東
坡云：「《蘭亭》、《樂毅》、《東方》，先生三帖皆妙絕。雖摹寫屢傳，猶有昔人
用筆意，比之《遺教經》則有間矣」，這一觀點對《蘭亭》持以肯定的態度。
另外還有一些不帶有明顯感情色彩的記載。如「題成都石本《蘭亭集序》云：
寶月刻《蘭亭序》，東坡居士爲贊於後，蓋子由得於中山舊石，故今所摹，獨
傳二蜀，中州人或未知也」〔註70〕和治平四年東坡的一些跋語〔註71〕。寶月
禪師是東坡的好友，給他所刻的《蘭亭》題贊，也是情理之中的事情，其間

〔註66〕　〔宋〕曾敏行：《獨醒雜誌》卷五，北京：中華書局，1985 年。

〔註67〕　〔清〕倪濤：《六藝之一錄》卷二百八十一，上海：上海古籍出版社，1991
　　　　年。

〔註68〕　〔明〕楊慎：《升庵集》卷五十八，景印文淵閣《四庫全書》1270 冊，臺北：
　　　　商務印書館，1986 年。

〔註69〕　〔清〕孫承澤：《硯山齋雜記》卷二，上海：上海古籍出版社，1963 年。

〔註70〕　〔宋〕董逌：《廣川書跋》，北京：中華書局，1985 年。

〔註71〕　《蘭亭考》卷六審定上：眞本已入昭陵，後世徒見此而已。然此本最善，日
　　　　月逾遠當復闕壞，後生所見愈微愈疏矣。東坡「外寄」所託改作「因寄」；「於
　　　　今」所欣改作「嚮之」；「豈不哀哉」改作「痛哉」；「良可悲也」改作「悲夫」；
　　　　「有感於斯」改作「斯文」凡塗兩字，改六字，注四字。「曾」不知老之將至
　　　　誤作「僧」；「已」爲陳迹誤作「以」；亦「猶」今之視昔誤作「由」。舊說此
　　　　文字有重者皆訪別體而之字最多，今此之字頗有同者，又嘗見一本比此微加
　　　　楷，疑此起草也，然放曠自得，不及此本遠矣。子由自河朔持歸，寶月大師
　　　　惟簡請其本，令左綿僧意祖摹刻於石。載書。題河朔本，治平四年九月十五
　　　　日。

東坡表現爲一種不置可否的態度，只是就事論事而已。那麼，致使東坡對臨寫《蘭亭》產生反感的原因是什麼呢？其實，東坡所言「從門者不是家珍」，並非對《蘭亭》本身的完全否定，否則他不會再有《蘭亭》妙絕的論述，他所批評的是把《蘭亭》奉若神明，日日臨習，恭敬之致的學習態度，他認爲這種書奴式的學習方法，終身「隨人腳跟轉」，勢必爲人所累，而不會有所創新。曹寶麟認爲蘇軾之所以如此，是因爲「他太懂得『法』的危害往往會使人陷入太深而失去居安思危的警惕，因而它只須風聞章惇、蔡卞以《蘭亭》爲日課就可以預測他們必然很難『自展步分』」〔註72〕。正如杜詩精深，宛如高山，常人仰止，即使熟諳數首而加以模仿，仍在老杜藩籬內求生計，如何獨闢蹊徑尋找適合自己的言說方式，實乃詩家使命。王世貞論詩：「《詩》云：『有物有則』，又曰『無聲無臭』。昔人有步趨華相國者，以爲形迹之外學之，去之彌遠。又人學書，日臨《蘭亭》一帖，有規之者云：『此從門而入，必不成書道』。然則情景妙合，風格自上，不爲古役，墮蹊徑者，最也。隨質成分，隨分成詣，門戶既立，聲實可觀者，次也。或名爲閏繼，實則盜魁，外堪皮相，中乃膚立，以此言家，久必敗矣。」〔註73〕，此說正和坡公不謀而和，要達到「情景妙合，風格自上，不爲古役，墮蹊徑者」，方爲藝術的最高境界。如此，就會明白坡公緣何會對一個瘦弱的《蘭亭》臨本讚不絕口，《蘭亭考》卷六載，「一本以門下蘇侍郎所藏唐人臨寫墨迹刻之成都者，中有數字極瘦勁不凡，東坡謂此本乃絕倫也。然此本瘦，字時有筆弱骨肉不相宜稱處，竟是常山石刻，優爾爲張熙載書」。此臨本雖然有「筆弱骨肉不相宜稱」的硬傷，但東坡卻認爲絕倫之作。蓋因其有自我面貌，不囿常規耳。

其實，蘇軾標新立異的思想在其青年時期就已初露端倪，嘉祐二年，東坡以一篇《刑賞忠厚之至論》驚座四方，與蘇轍、曾鞏、章惇等人同年進士及第。發榜時，飽學之儒梅堯臣問及試卷中「皋陶曰『殺之三』，堯曰『宥之三』」的典故出處，蘇子的回答竟是「想當然耳！何必須要有出處？」〔註74〕，此真乃「後生可畏」，「初生牛犢不怕虎」的勇猛精進之精神！正是這樣一種勇於新變的思想促成他「尚意」文藝觀的形成。「意」在中國美學史上是一個頗爲寬泛的範疇，在不同語境中有著不同的涵義。所謂宋代的「尚意」書

〔註72〕 曹寶麟：《中國書法史‧宋遼金卷》，南京：江蘇教育出版社，2002年，第113頁。

〔註73〕 〔明〕胡震亨：《唐音癸籤》卷四，北京：中華書局，1959年。

〔註74〕 〔宋〕葉夢得：《石林燕語》卷八，北京：中華書局，1984年。

風，是極力凸現宋代書法追求自我情性、彰顯書家主觀意趣的特點，這對於宋代書法的多個維度而言，充其量只是最為重要的一個方面，而絕不能代表其全部。而書法中「尚意」的精神和宋代文人士大夫推崇的自由豪邁，豁達灑脫的人格境界有著某種同構異質的相似，因而備受後人青睞和矚目。對於「意」，蘇軾有自己獨到的見解：「君子可以寓意於物，而不可以留意於物。寓意於物，雖微物足以為樂，雖尤物不足以為病；留意於物，雖微物足以為病，雖尤物不足以為樂」〔註75〕。這與佛家所言「放下屠刀，立地成佛」〔註76〕，強調放棄執著，寄情與物而不專著於物的價值取向有相通之處。站在整個書法發展史的制高點來反觀東坡書法，會發現他在章法、結構等方面並未有明顯超越前人的突破，但他以「意」為核心的創作坊式卻具有典型的開創意義。他提供了一個文人化的書法創作模式──「筆墨之迹，托於有形，有形則有弊，苟不至於無，而自樂於一時，聊寓其心，忘憂晚歲，則猶賢於博弈也，雖然，不假外物而有守於內者，聖賢之高致也」〔註77〕。這是借有形的書法傳達心靈的渴望與訴求，正是憑藉著這種「吾書雖不甚佳，然自出新意，不踐古人是一快也」〔註78〕的豪情壯志，踐履著「我書意造本無法，點畫信手煩推求」〔註79〕的書法信念，從而實現了「自出新意」的創作歷程和不拘成法、不執一偏的審美追求。那居於「天下第三行書」的《寒食帖》不正是他以自我獨特的書寫語彙來向世人昭示自己堪與羲之、魯公抗衡的實力和勇氣？那激情澎湃的筆墨律動不正表明東坡把「意」的精神發揮到淋漓盡致的境地？

　　筆者以為，東坡開啓的「尚意」之風尚，至少包含了如下幾個層面：其一，蔑視成法，提倡創新。他之所以會對顏真卿十分推崇，就是因為魯公身上有著勇往直前的變革精神。「顏魯公書雄秀獨出，一變古法，如杜子美詩，格力天縱，奄有漢、魏、晉、宋以來風流。後之作者，殆難復措手」〔註80〕。雄秀獨出的顏魯公超邁鍾、王，卻為後人留下了革新的難題，而東坡仍能聰明應對。他曾不無得意的自矜：「嘗評魯公書與杜子美詩相似，一出之後，前

〔註75〕　〔宋〕蘇軾：《東坡全集》卷三十六，北京：中國書店，1986年。
〔註76〕　〔宋〕朱鑒：《文公易說》卷十六，上海：上海古籍出版社，1989年。
〔註77〕　〔宋〕蘇軾：《東坡題跋》北京：中華書局，1985年。
〔註78〕　〔宋〕蘇軾：《東坡題跋‧評草書》，北京：中華書局，1985年。
〔註79〕　〔宋〕蘇軾：《東坡全集‧石蒼舒醉墨堂》，北京：中國書店，1986年。
〔註80〕　〔宋〕蘇軾：《東坡全集‧書唐氏六家書後》，北京：中國書店，1986年。

人皆廢若予書者，乃似魯公而不廢前人者也」〔註 81〕。這就是為什麼東坡會對那些視《蘭亭》為圭臬，而不懂得如何創新的書家嗤之以鼻的原因所在。其二，抒寫襟懷，不忘法度。「尚意」極力彰顯個性的發揚，把內心情趣訴諸筆端，蘇軾推崇「出新意於法度之中，寄妙理於豪放之外」〔註 82〕，但這種適意還是有其限度的自由，並非完全放棄了應有的法度。在東坡的學書經歷中，也同樣有著臨古、習古的階段。黃山谷曰：「東坡少時規摹徐會稽，筆圓而姿媚有餘；終年喜顏尚書，真行造次為之，便欲窮本；晚乃喜李北海書，其豪勁多似之」〔註 83〕；又「東坡道人少日學《蘭亭》，故其姿媚似徐季海；至酒酣放浪，意忘工拙，字特瘦勁，乃似柳誠懸；中歲喜顏魯公、楊風子書，其合處不減李北海」〔註 84〕。這是頗令蘇過不滿的總結，「吾先君子豈以書自名哉！特以其至大至剛之氣，發於胸中而應之以手，故不見其有刻畫嫵媚之態，而端乎章甫，若有不可犯之色。少年喜二王書，晚乃喜顏平原，故時有二家風氣。俗手不知，妄謂學徐浩，陋矣」〔註 85〕。其實，東坡本人也不承認曾師法徐浩，「昨日見歐陽叔弼，云：子書大似李北海。余亦自覺其如此，世或以謂似徐書者，非也」〔註 86〕。看來，山谷的記載確實有隙，那麼他所說的「東坡道人少日臨《蘭亭》」可能也不十分準確，但「少日」臨寫也是情理之中的事情。如上所述，蘇軾既然不屑於「唯《蘭亭》馬首是瞻」的行為，那麼他不會把《蘭亭》作為終身師法的範本。其實問題的關鍵在於東坡能夠很好的處理書法承傳中古今轉化的難題，而使自己的書法達到一種「有法無法」的神秘境界。

4.黃庭堅：面恭實倨對《蘭亭》

毋庸置疑，黃庭堅是與蘇軾齊名的北宋文壇、書壇巨擘。作為「尚意」書風披荊斬棘的領軍人物，他對《蘭亭》的態度更加值得關注。對於千古名帖，黃庭堅表現出來恭敬與喜愛自在情理之中。且看如下幾段題跋：

〔註 81〕 〔宋〕蘇軾：《東坡全集・記潘延之評子書》，北京：中國書店，1986 年。

〔註 82〕 〔宋〕蘇軾：《東坡全集・書吳道子畫後》，北京：中國書店，1986 年。

〔註 83〕 〔宋〕黃庭堅：《山谷集・跋東坡自書所賦詩》，文淵閣《四庫全書》1113 冊，臺北：商務印書館，1986 年。

〔註 84〕 〔宋〕黃庭堅：《山谷集・跋東坡墨迹》，文淵閣《四庫全書》1113 冊，臺北：商務印書館，1986 年。

〔註 85〕 〔宋〕葛立方：《韻語陽秋》卷五，上海：上海古籍出版社，1984 年。

〔註 86〕 〔宋〕蘇軾：《東坡題跋・自評書》，北京：中華書局，1985 年。

王右軍《禊飲序草》，號稱最得意書，宋齊以來似藏在秘府，士大夫間未聞稱述，豈未經大盜兵火，時蓋有墨迹在。《蘭亭》右者及蕭氏宇文焚蕩之餘，千不存一，永師晚出，所見妙迹唯有《蘭亭》，故爲虞、褚輩道之，所以太宗求之百方，期於必得。其後公私相盜，今竟失之。書家晚得定武石本，蓋彷彿存古人筆意耳。〔註 87〕

《蘭亭敍草》，王右軍平生得意書也。反覆觀之，略無一字一筆不可人意。摹寫或失之，肥瘦亦自成妍，要各存之，以心會其妙處爾。〔註 88〕

王右軍禊事詩序爲古今行正之祖，當時逸少自珍此書，故作或肥或瘦不同，要其書法異爾，今之書或喜肥疾瘦，殆不知而作也。〔註 89〕

寬綽而有餘，《蘭亭》近之。〔註 90〕

黃庭堅以爲，《蘭亭》乃右軍一生最得意的傑作，是經得起反覆推敲的藝術佳品，一筆一劃都耐人尋味，他甚至認爲，在摹寫《蘭亭》時略有失誤，也不會影響大局，都能達到妍美的境地。既然黃庭堅如此推崇《蘭亭》，那麼他是否甘作亦步亦趨的《蘭亭》書奴呢？在後人在對山谷書法的評價中，多有談到他和《蘭亭》的淵源關係，諸如，元柳貫在《題山谷書士大夫食時五觀》云：「太史公書，《蘭亭》之變。此卷奇正相生，所謂孫吳之兵也，蓋粉紙不受墨，最難作字。太史爲之，乃更遒密」。明王世貞在跋黃庭堅書《送符城南讀書》曰：「生平見山谷書，以側險爲勢，以橫逸爲功，老骨顛然，種種槎出。獨此錄昌黎《送符城南讀書》小行體，盡斂其怒張之氣而爲虛婉，與《蘭亭》異體相同，尤可寶也」〔註 91〕。明解縉云：「至於山谷書，氣骨法度皆有可議，唯偏得《蘭亭》之韻。」〔註 92〕康有爲云；「宋人書以山谷爲最，變化

〔註 87〕〔宋〕黃庭堅：《山谷集・跋蘭亭》卷二十八，景印文淵閣《四庫全書》1113 冊，臺北：商務印書館，1986 年。

〔註 88〕〔宋〕黃庭堅：《山谷集・跋蘭亭》卷二十八，景印文淵閣《四庫全書》1113 冊，臺北：商務印書館，1986 年。

〔註 89〕〔宋〕桑世昌：《蘭亭考》卷五，景印文淵閣《四庫全書》682 冊，臺北：商務印書館，1986 年。

〔註 90〕〔宋〕桑世昌：《蘭亭考》卷九，景印文淵閣《四庫全書》682 冊，臺北：商務印書館，1986 年。

〔註 91〕〔明〕王世貞：《弇州四部編》續稿卷一百六十一，景印文淵閣《四庫全書》1281 冊，臺北：商務印書館，1986 年。

〔註 92〕〔明〕解縉：《南北朝詩話・王�論書》，《永樂大典》卷八百零七，四庫全書

無端，深得《蘭亭》三昧。至其神韻絕俗，出於《瘞鶴銘》而加新理，則以篆筆爲之」〔註93〕。從以上論述來看，柳貫、王世貞著意突出黃字的變化與《蘭亭》的欹側有異曲同工之妙，一如朱熹所言「黃、米而欹側怒張之勢極矣」〔註94〕。山谷書法超越晉人含蓄蘊藉之美，而具有了壯美的意味，形成了大開大闔的險絕之美，在追求狂猛不羈的新奇中尋求欹側的效果。至於解縉、康有爲所言的山谷書法的韻致也與《蘭亭》的氣息有著根本性的不同。對此，山谷有言：

> 晁美叔嘗背議予書唯有韻耳，至於右軍波戈點畫，一筆無也。有附予者，傳若言於陳留，予笑之曰：「若美叔書，即與右軍合者，優孟抵掌談說，乃是孫叔敖耶？往嘗有丘敬和者摹放右軍書，筆意亦潤澤，但爲繩墨所縛，不得左右。予嘗贈之詩，中有句云：「字身藏穎秀勁清，問誰學之果《蘭亭》？大字無過《瘞鶴銘》，晚有石崖頌《中興》。小字莫作瘦凍蠅，《樂毅論》勝《遺教經》。隨人作計終後人，自成一家始逼眞。」不知美叔嘗聞此論乎？（《山谷別集》卷六）

看來山谷推崇一種「自成一家始逼眞」的境界，不爲繩墨所圍，即使「右軍波戈點畫，一筆無也」，也不乏韻致。他對《蘭亭》雖然是十分恭敬的，但並不想追求筆筆酷似，甚至把《蘭亭》作爲楷書來學習，「山谷遊荊州，得古本《蘭亭》愛玩不去手，因悟古人用筆意，作小楷日進，曰：他日當有知我者」〔註95〕。前文已多次論及，唐人版的《蘭亭》傳神的融入了楷法，否則山谷也不會學《蘭亭》而楷法大進耶！言及此例，更是爲了說明「蘭亭雖是眞行書之宗，然不必一筆一畫以爲準。譬如周公、孔子不能無小過，過而不害其聰明睿聖，所以爲聖人。不善學者，即聖人之過處而學之。故蔽於一曲，今世學《蘭亭》者，多此也。魯之閉門者曰：『吾將以吾之不可，學柳下惠之可。』可以學書矣」〔註96〕。山谷敏銳指出，《蘭亭序》雖然足以百世取法，也仍有不足之處，就像周公、孔子一樣雖然有小過，但這「小過」絲毫不會影響和

存目補編，濟南：齊魯書社，2001年。

〔註93〕〔清〕康有爲：《廣藝舟雙楫》卷六，上海：上海書畫出版社，1981年。

〔註94〕〔宋〕朱熹：《朱文公文集》，上海：商務印書館，1936年。

〔註95〕〔宋〕桑世昌：《蘭亭考》卷九，景印文淵閣《四庫全書》682冊，臺北：商務印書館，1986年。

〔註96〕〔宋〕黃庭堅：《山谷集》卷二十八，景印文淵閣《四庫全書》1113冊，臺北：商務印書館，1986年。

動搖他們聖人的地位和形象。然而師法《蘭亭》者，往往選擇「聖人之過而學之」，取其短而捨其長，最終把《蘭亭》寫俗了，導致出現「俗書喜作《蘭亭》面」的局面。於是有必要也有責任為捍衛經典的神聖性而努力，最終山谷給後人指出一條學習書法的康莊大道──對於古人法帖，「不必一筆一畫為準」──「吾將以吾之不可，學柳下惠之可」〔註97〕，從而創造出獨具特色的書法風格。作為「尚意」書風的又一傑出代表，黃庭堅的創新精神值得稱道。他在筆法、章法、意境上作出了大膽而全面性的開拓與變革，不僅繼承了王羲之書法纖穠精穩，體趣天然，簡切流美的傳統，並在這條延長線上光大發揚，豐富拓展了王羲之書法，形成用筆瘦勁婉美、雄放瑰奇、縱橫開闔、筆力豐遒婉暢、摻入篆意而自成一格的風貌。

5. 米芾臨仿《蘭亭》

在宋四家中，米芾是具有「魏晉情結」，也是最富有創造性的一位書家，這看似矛盾，其實並不牴牾，米芾以其天才性的才華上溯魏晉、隋唐書法而得其堂奧，又以出神入化之筆超逸前賢，創作出頗具個性特徵的米氏書法。僅非如此，米芾還是北宋著名的書畫收藏家和鑒賞家，元人湯垕言：「宋人鑒賞精妙，無出於米南宮元章」〔註98〕。

米芾收藏的《蘭亭》有很多版本。德國學者雷德侯在《米芾與中國書法的古典傳統》〔註99〕一書中，關專節論述蘭亭序的版本問題，雷德侯指出，米芾詳細展開對《定武蘭亭》的討論，指出《蘭亭》摹本至少有三種，且它們都與褚遂良有關。其中一種出於蘇氏，另兩種出於王氏。雷德侯所說的出於蘇氏的這一本，也就是《書史》中記載的「蘇耆家《蘭亭》三本」中的第二本。元祐三年，米芾用幾張著名的古畫從蘇耆那裡換來了這本《蘭亭》，在題跋中，米芾熱情洋溢地對其進行了誇獎，「右米姓秘玩天下《蘭亭》法書第一，唐太宗獲此書，命起居郎褚遂良檢校馮承素、韓道政、趙模、諸葛政、湯普澈之流模賜王公貴人，著於張彥遠《法書要錄》。此軸在蘇氏題為褚遂良橅觀，其意易改誤數字，真是褚筆，皆率意落筆，餘字皆鉤填，清潤有勁秀氣，**轉折毫鋩與真無異**，非深知書者，所不能到世俗所收。或肥或瘦，乃是

〔註97〕〔宋〕黃庭堅：《山谷集·又跋蘭亭》卷二十八，景印文淵閣《四庫全書》1113冊，臺北：商務印書館，1986年。

〔註98〕〔明〕汪玉珂：《珊瑚網》卷四十八，上海：商務印書館，1936年。

〔註99〕Ledderose, Lothar: Mi Fu and the classical tradition of Chinese calligraphy, Princeton, N.J, 1979.

工人所作，正當以此本爲定」〔註100〕至於此本是否眞是褚遂良所摹寫，國內學者有專文討論，雷德侯指出翁方綱曾把此本與米芾名作《蜀素帖》進行了比較，認爲這一被稱爲「《蘭亭》八柱第二」的褚遂良摹本實爲米芾所書〔註101〕。那麼，雷德侯文章中涉及的米芾說的另外兩種《蘭亭》摹本又是怎樣的情況呢？這兩個版本同出於王隨的收藏，都被認爲是褚遂良的摹本，但常常被後人弄混了。米芾只得到了其中一種，另外一個被沈括收藏。徽宗建中靖國元年，米芾從王隨的孫子那裡得到了這個版本，它也就是現藏於臺北故宮博物院的黃絹本《蘭亭》。雷德侯對米芾的這個題跋並不看好，在《書史》中也沒有記錄此摹本，他甚至把蘇氏和王氏摹本中米芾題跋中的「褚遂良」三個字挑選出來，一一進行細微的比較，通過筆畫間的銜接缺乏連帶抑或是筆畫線質的不足等等，最終得出了此題跋出於南宋人模仿，而並不出於米芾之手。

除了以上所提到的爲《蘭亭》摹本題跋之外，米芾還親自臨寫《蘭亭》。據王澍記載，「此米老所摹，亦拙存，老友得自秦中者，黃文獻公稱其貌不必同，意無少異；衡山云：當求於牝牡驪黃之外；董文敏公則云：絕無本色，乃與褚摹相類，乍屬目以爲貞觀時物。三公之論不同如此，余昨摹褚本，定爲米老所作，今摹米本，益信非謬。蓋其摹褚時，意在於褚，不規規求似，所以神完氣足，無所不似，故斤斤摹仿，無遊行自在之趣，反覺未爲神似。蓋彼則意勝於法，而此則法勝於意，故也。此惟老於書法者知之，非吾解人未易窺此語」〔註102〕。又胡翰跋米芾臨《蘭亭》，「米南宮論《蘭亭禊帖》，毫髮無遺，至其所自書，乃縱橫若此。蓋出入規矩，晚年筆也。南宮嘗言：『善書得一筆，已獨有四面』。故其對帖臨仿者，與眞無辨，而任意揮灑者，入妙自得，人鮮及焉」〔註103〕；又「宋米芾臨《蘭亭臨禊帖》者，得其貌，似優孟之效孫叔敖也；得其意，似魯男子之學柳下惠也」〔註104〕。看來，後人對米芾臨寫的《蘭亭》，存在很大分歧。有的認爲「絕無本色」、「與眞無辨」；有的認爲「貌不必同，意無少異」。遺憾的是，今天的我們也無法得見米臨《蘭

〔註100〕〔宋〕米芾：《寶晉英光集》卷六，北京：中華書局，1985 年。

〔註101〕參閱楊魯安：《〈蘭亭八柱第二〉非「褚摹」辯》，《中國書法》2004 年第 11
期和雷德侯：《米芾與中國古典書法傳統》，見上頁注釋 4。

〔註102〕〔清〕王澍：《竹雲題跋》卷四，北京：中華書局，1991 年。

〔註103〕〔清〕倪濤：《六藝之一編》卷一百六十，上海：上海古籍出版社，1991 年。

〔註104〕〔元〕黃溍：《黃文獻公集》，北京：中華書局，1985 年。

亭》到底是怎樣的面貌。《三米蘭亭》是米芾對《蘭亭》接受的另一力證：「盱
眙南山杜寶臣，字器之，父爲令，祖皆爲郎，家世傳此唐刻本《蘭亭》，余與
二子五日模，視善工十日刻。世謂《三米蘭亭》出於世也」〔註105〕。

　　以上不完全歸納了米芾臨摹或傳刻《蘭亭》的種種記載，旨在說明米芾
對《蘭亭》的接受問題，其實這些只是米芾臨仿活動中的冰山一角，米友仁
曾說「先臣芾所藏晉唐眞迹，無日不展於几上，手不釋筆，臨學之夜，必收
於小篋，置枕邊乃眠，好之之篤至於如此，實一世好學所共知」〔註106〕。與
蘇軾、黃庭堅等文官士大夫不同，米芾是宋四家中唯一的專職藝術家兼鑒賞
家，也是最具個性和怪癖的一位。米芾對古人書法熟稔之至，「壯歲未能立家，
人謂我書爲集古字。蓋取諸長處，總而成之。既老始自成家，人見之，不知
以何爲祖也」〔註107〕。他徜徉在先賢書迹的海洋中，沉浸既久而多有收穫：「余
初學顏，七八歲也，作字至大一幅，寫簡不成。後見柳而慕緊結，乃學柳《金
剛經》，久之，知出於歐，乃學歐。久之，如印板排算，乃慕褚而學最久。又
慕段季展轉折肥美，八面皆全。久之，覺段全繹展《蘭亭》，遂並看《法帖》，
入晉魏平淡，棄鍾左而師師宜官，《劉寬碑》是也。篆便愛《詛楚》《石鼓文》，
又悟竹簡，以竹聿行漆，而鼎銘妙古老焉」〔註108〕。以上是米芾自述其學書
過程的記載，早年，他於唐人書法用力較勤，對顏眞卿、歐陽修、褚遂良等
人留心頗多。自元豐中拜謁蘇東坡後，「始學晉人，其書大進」〔註109〕。在長
期的學書積澱過程中，米芾博涉多優，深於諸家書學堂奧，不負「集古字」
之名，並贏得了臨仿以亂眞的程度，「襄陽公在當代，愛積晉唐法書，種種必
自臨搨，務求逼眞，時以眞迹溷出，眩惑人目。或被人指摘，相與發笑，然
亦自試其藝之精，抑試人之知如此」〔註110〕。然而他成功不在於「復古」，無
論臨仿的多麼逼眞，總不免拾人牙慧的猜忌，書法的境界最終還表現在「每

〔註105〕　〔宋〕桑世昌：《蘭亭考》卷五，景印文淵閣《四庫全書》682 冊，臺北：商
　　　　　務印書館，1986 年。

〔註106〕　〔宋〕岳珂：《寶眞齋法書贊》卷二十，景印文淵閣《四庫全書》813 冊，臺
　　　　　北：商務印書館，1986 年。

〔註107〕　〔宋〕米芾：《海岳名言》，北京：中華書局，1985 年。

〔註108〕　〔宋〕米芾：《寶晉英光集》卷八，北京：中華書局，1985 年。

〔註109〕　〔清〕翁方綱：《米海岳年譜・溫革跋米帖》，趙爾巽：《清史稿》，北京：中
　　　　　華書局，1977 年。

〔註110〕　〔清〕卞永譽：《式古堂書畫彙考》卷十一，景印文淵閣《四庫全書》827 冊，
　　　　　臺北：商務印書館，1986 年。

出新意於法度之中，而絕出筆墨畦徑之外」〔註111〕的高度之上，當他擺脫了書法藝術固定化模式的羈絆而融入了大量的個我情性，形成了頗具特色的米氏書法風格時，他也就實現了身爲書法家的神聖使命。

回到《蘭亭》接受的主題來，米芾從《蘭亭》的臨仿、題跋等一系列活動中深得《蘭亭》的神髓，把其新變的思想充分融入到書作之中，把魏晉崇尙自然的精神追求內化爲自我個性的氣質特徵。就用筆和結體而言，米芾不愧爲少有的奇才，他以天才般的想像對字形結構以自我的方式大膽闡釋，以「八面出鋒」的神來之筆，把靈活多變的用筆方法呈現出來。米芾的行草書的成功之處正在於中鋒、側鋒完美結合，尤其是轉折處提筆側鋒直轉而下，沉著不滯，使轉自如，無往不利。王世貞《藝苑卮言》上談到正鋒（中鋒）與偏鋒（側鋒），「蓋正以立骨，偏以取姿」，表明中鋒固然十分重要，但是如果能適當加上側鋒可以增色不少。米芾有言，「把筆輕，自然手心虛，振迅天眞，出於意外」〔註112〕，正是這種「意外」之筆，一種流變中的用筆最易出彩。米芾行筆講究速度，東坡在《雪堂書評》中描述其書爲「風檣陣馬」，黃庭堅稱其書「如快劍斫陣，強弩射千里，所當穿徹」〔註113〕，如此作書，著實需要紮實的功底和良好的應變，一切都出於天眞自然而不可預想的美妙之境，書法乃是瞬間創造永恒美感的藝術。其次，在字形的結體上。米芾也打破了常規，米芾書法能做到「收放自如」，所謂「以斂爲陰，以放爲陽，以爲作字須陰陽相應。斂以內含筆勢，故爲陰；放以外拓意趣，故爲陽。有斂而無放，筆劃彫疏無生機；有放而無斂，筆劃飆疾乏靜氣」〔註114〕。以《蜀素帖》爲例，其中「部」、「祿」字就打破了原有的左右比例而故意收放，得到了出乎意料的美感。從整篇的章法而言，米字的跌宕起伏，正欹變化更把整幅書法推向了出神入化的嶄新境界。董香光曾感慨地說：「王著輩絕不識晉唐人筆意，專得其形，故多正局。字須奇宕瀟灑，時出新致，以奇爲正，不主故常，此趙吳興所未嘗夢見者，惟米癡能會其趣耳」〔註115〕，這也就是米字

〔註111〕〔宋〕孫覿：《鴻慶集》，景印文淵閣《四庫全書》1135 冊，臺北：商務印書館，1986 年。

〔註112〕〔宋〕米芾：《寶晉英光集》卷八，北京：中華書局，1985 年。

〔註113〕〔宋〕黃庭堅：《山谷集》卷二十九，《景印文淵閣《四庫全書》》1113 冊，臺北：商務印書館，1986 年。

〔註114〕〔唐〕張懷瓘：《論用筆十法》，《歷代書法論文選》，上海：上海古籍出版社，1979 年。

〔註115〕〔明〕董其昌《畫禪室隨筆》，南京：江蘇教育出版社，2005 年，卷一。

緣何「勝於姿」〔註116〕的原因。凡此總總,若論米芾書法與《蘭亭》產生了怎樣的聯繫,正是《蘭亭》中流變的美爲米字的靈動注入了活潑潑的生機和意蘊。

　　米芾爲人的天眞、率性、自然而不造作的品格與他內心深刻的「魏晉情結」有著極爲緊密的聯繫。魏晉人尙樸,追求質樸之美,表現在人格境界上就是自然而然不僞飾。無論米芾的寫至「芾再拜」,即放筆於案,整襟端下兩拜;「被服怪異,戴高簷帽」〔註117〕,還是在皇帝面前「芾舞蹈以謝,即抱研趁出」〔註118〕,都是他眞性靈的表現和展露,在他身上彰顯出灑脫自由又特立不群的人生大美之境。米芾的一生並非政治的一生,身爲小人物的他無力對抗複雜的爭鬥。青年時代經歷了王安石變法及其罷相復相,而立之年經歷了洛、蜀兩黨之爭,晚年又受到曾、蔡傾軋。在激烈的政治鬥爭和嚴峻的政治危機中,與各派政治力量的斡旋都會使這個不太諳於世故又頗具藝術家氣質的米芾深受身心的折磨,這種痛苦長期積習便會成爲焦慮,被壓抑的情感終究要找到一種方式進行釋放,於是就會出現米芾各種各樣不同常人的瘋癲以及肆意橫行的自由。他對於日常生活方式進行抗議的瘋癲,是他不堪忍受生活重負的宣泄,是他要求回歸人生本我的眞情吶喊,又是非理性之感性沉迷,在這個意義上我們看到的米芾是眞實的又是可愛的。福柯曾言,「瘋癲又是與藝術作品共始終的,因爲瘋癲使藝術作品的眞實性開始出現」〔註119〕。在米芾放蕩不羈,看似輕鬆、瀟灑的一生的背後更多參透著時代濃鬱的悲涼和個我的生命中無法承受之重。在米芾激揚多變、豐富養眼的書法背後,我們體悟到得是他那「輕鬆亦沉重,瀟灑也悲涼」的曲折的心路歷程。

3.2.2 南宋《蘭亭》接受個案

　　罹難靖康之變,金兵鐵蹄橫掃中原,徽、欽二宗被擄北去,大宋王朝岌岌可危。當此危機存亡之秋,康王趙構在南京稱帝,史稱高宗,南宋的序幕

〔註116〕馬宗霍:《書林藻鑒》,北京:文物出版社,1984 年,第 225 頁。

〔註117〕〔明〕何良俊《何氏語林》卷二十七,景印文淵閣《四庫全書》1041 冊,臺北:商務印書館,1986 年。

〔註118〕〔清〕潘因永:《宋稗類鈔》卷三十三,北京:書目文獻出版社,1985 年。

〔註119〕〔法〕福柯:《瘋癲與文明》,劉北成譯,北京:三聯書店,1999 年,第 86頁。

如此拉開。康王的舉措，無疑給予這個危難的王朝以新的希望。元祐皇后對康王深切期許：「康邸之舊藩，嗣宋朝之大統，漢家之厄十世，宜光武之中興；獻公之子九人，惟重耳之尚在。茲爲天意，夫豈人謀？尚期中外之協心，同定安危之至計。庶臻小愒，漸底丕平」〔註120〕。高宗即位之初，面臨著諸如收復半壁江山的艱巨任務、平撫安土重遷人民的南遷生活等種種棘手難題。當逐漸適應偏安生活之後，高宗便流露出苟合態度，對此，僅從岳飛率領的真正有威脅力的收復失地的活動遭到扼殺就足以暴露高宗媾和金朝、穩固南方政權的一己私利〔註121〕。高宗在文化上大張旗鼓，欲與前朝一爭高下，對於書法的振興成爲高宗文化政策中的重要方面。這個稱臣納貢苟且偷生的皇帝掀起的書法高潮，影響了南宋一世書法風格的審美取向。他所倡導南宋書法的復興活動，把書法風格定格在傳統帖學的範圍之中，尤以二王、米芾和蘇黃的風格爲主。其後，南宋的幾個皇帝也受到了高宗的影響，諸如孝宗、寧宗、理宗和度宗也都喜歡書法，且崇尚魏晉書風。單就《蘭亭》來看，南宋的接受蔚爲風氣。元代書家趙孟頫曾在《蘭亭十三跋》中說：「《蘭亭》帖當宋末度南時，士大夫人人有之。石刻既亡，江左好事者，往往家刻一石，無慮數十百本。而真贗始難別矣」。

在南宋書法家中，與《蘭亭》接受密切甚秘的要數陸游和姜夔。文學史上把「陸游、楊萬里、范成大和尤袤」稱爲「中興四大家」，與此比照，南宋書法史上也有相同的說法，只是換成了陸游、范成大、朱熹和張孝祥。著名愛國詩人陸游，書名爲詩名所掩，其書法筆墨精妙，意境高遠，在當時堪稱翹楚。陶宗儀《書史會要》中說他「才氣超邁，尤長於詩，書迹飄逸」。從流傳作品來看，儘管陸游書法與《蘭亭》風格沒有非常緊密的承傳關係，但身處南宋這個《蘭亭》「家刻一石」的時代，卻少不了與其有著某種聯繫。陸游真是典型的愛國文人，就連看到一本《定武蘭亭》都能觸發他的愛國情愫；「自承平時，中山石刻屢爲好事者負去，如此本固已不易得，況太行、北嶽墮胡塵中已五十年乎！撫卷太息」〔註122〕。在此，陸游睹物傷懷，由《定武蘭亭》的不易求得而聯想到悲天憫人的家國之痛。同時，他還寫了很多《蘭亭》題跋，韓立道、陳伯予、馮逖道等人的《蘭亭》藏本後都有他的心得。

〔註120〕〔宋〕李心傳：《建炎以來繫年要錄》卷四，北京：中華書局，2000年。
〔註121〕丁傳靖：《宋人軼事彙編》，北京：中華書局，1981年，第603頁。
〔註122〕〔宋〕桑世昌：《蘭亭考》卷五，景印文淵閣《四庫全書》682冊，臺北：商務印書館，1986年。

其間除了對《蘭亭》讚不絕口般的美譽之外〔註123〕，更多地流露出他的書學觀點。如跋《蘭亭序》所言：「觀《蘭亭》當如禪宗勘辨入門便了。若待渠開口堪作什麼，識者一開卷已見精粗，或者推求點畫，參以耳鑒，瞞俗人則可，但恐王內史不肯爾」〔註124〕；又《跋蘭亭序》「王逸少一不得意，誓墓不出，遂終其身；子敬答謝榜之請，辭意峻甚，豈得世間有得喪禍福哉！以此學二王書，庶幾得之。若不辨此，雖家藏昭陵繭紙真迹，字字而講之，筆筆而求之，去《蘭亭》愈遠矣。謂予不信，有如大江」〔註125〕。陸游已把學習《蘭亭》看作是禪學中的頓悟，而放棄日課的漸修，這樣的觀點直接影響了陸游的書法藝術向精深處提高，應與整體時代的思想風氣息息相關，此處不做深入展開。

　　姜夔，字堯章，號白石道人，鄱陽人，一生未仕，擅長詩詞、樂曲。對於書學，白石亦情有獨鍾，「書法迥脫脂粉，一洗塵俗，有如山人隱者」〔註126〕，「書法得魏晉古法，運筆遒勁，波瀾老成」〔註127〕，傳世真迹《落水木蘭亭序跋》楷法堅實雅致，蘊藉自然，深得鍾王之意蘊。著有《絳帖平》、《續書譜》和《王獻之保母磚考》等。與陸游相比，姜夔的《蘭亭》情結更為濃重，其所著《禊帖偏傍考》即為明證。這是一篇篇幅短小的文章，枚舉《蘭亭》中十餘字的寫法，以達到「持此法亦足以觀天下之《蘭亭》矣」〔註128〕效果。其實，從書論的角度而言，該文價值並不顯著，諸如「『年』字懸筆上湊頂，『在』字左丿反剔，『歲』字有點，在『山』之下戈畫之右」、「『趣』字波略反卷向上，『欣』字『欠』右一筆作章草發筆之狀，不是捺」〔註129〕的描述，本是認真臨摹者可以自己領會的，而並無創見，但在此之前卻少有如此從形態學的角度關注《蘭亭》者。同時，《蘭亭考》中還有姜夔《蘭亭》藏本的記載，

〔註123〕「龍乘雲氣而上天，鳳凰翔於千仞。今見舊定本《蘭亭》，其猶龍鳳耶？陸游慶元丙辰二月十二日」；《渭南文集》卷三十「跋韓立道所藏《蘭亭序》，觀此本《蘭亭》，如見大勳業巨公於未央庭中，大冠若箕，長劍拄頤，風采凜凜，雖單于不覺自失，況餘子有不汗洽股栗者哉？丙寅歲四月十有三日陸某年八十二。」

〔註124〕〔宋〕陸游：《渭南文集》卷二十九，上海：商務印書館，1936 年。

〔註125〕〔宋〕陸游：《放翁題跋》卷四，北京：中華書局，1985 年。

〔註126〕〔明〕陶宗儀：《書史會要》卷六，上海：上海書店，1984 年。

〔註127〕〔宋〕謝采：《續書譜序》，景印文淵閣《四庫全書》813 冊，臺北：商務印書館，1986 年。

〔註128〕〔宋〕周密：《齊東野語》卷十二，北京：中華書局，1983 年。

〔註129〕〔明〕陶宗儀：《書史會要》卷九，上海：上海書店，1984 年。

姜夔藏本有四，分別於紹興三年六月、紹熙壬子至後三日、嘉泰壬戌十二月和嘉定二年長至日收藏。其中，以第三本的文獻著錄最爲詳贍，此本得於童道人，是烏臺盧提點者所藏定武舊刻，自述「二十餘年習《蘭亭》，皆無入處」〔註130〕的姜白石見此本後「頗有所悟」。另外，對於《定武蘭亭》，白石老人也有自己的獨到之見，「《蘭亭》出諸唐名手所臨，固應不同，然其下筆皆有畦町可尋。惟定武本鋒藏畫勁，筆端巧妙處終身傚之，而不能得其彷彿。世謂此本乃歐陽率更所臨，予謂不然。歐書寒峭一律，豈能如此八面變化也？此本必是眞迹上摹出無疑，學右軍書者至《蘭亭》止矣」〔註131〕。《定武蘭亭》刻本相傳爲歐陽詢臨寫後摹勒上石，姜夔對其臨寫者產生疑異，自在情理之中，但斷定「此本必是眞迹上摹出」，不免有絕對之嫌。

以上略陳姜夔對《蘭亭》的接受情況，其間流露出他對《蘭亭》的不捨情懷。其實，這遠非是對書法佳作的頂禮膜拜之情，更折射出埋藏於白石道人心底的魏晉情愫。在姜夔《蘭亭》藏本，有這樣一則被張世南稱爲「其說尤新」的評論：「大抵右軍書成而漢、魏、西晉之法盡廢，右軍固新奇可喜，而古法之廢實自右軍始，亦可恨也⋯⋯右軍之前既多名書，右軍同時又有世將李衛、王洽、謝安、�珉、珣諸人皆妙於此，故《蘭亭》不見稱於晉，而至隋唐始顯耳」〔註132〕。其觀點的正確與否暫且不論，由此論點不難看出姜夔並非「獨尊羲獻」，他對魏晉書家群體心存敬意。宋人陳鬱在《藏一話腴》內編卷下云：「白石道人姜堯章，氣貌若不勝衣，而筆力足以扛百斛之鼎。家無立錐，而一飯未嘗無食客，圖史翰墨之藏充棟汗牛，襟期灑落，如晉宋間人。意到語工，不期於高遠而自高遠」；范成大亦稱讚姜夔：「以爲翰墨人品，皆爲晉宋之雅士」〔註133〕。如此等等，不勝枚舉，可見白石道人的「晉宋情懷」已得到南宋士人的一致認可。身處南宋這個特殊的歷史時期，偏安江南、山河破碎，政權苟安、矛盾重重，他們滿腹「恢復之志」在遭遇到南宋皇權之苟安政策後不得已而壓抑，一種「壯志難酬」的尷尬油然而生。然而「南宋士大夫仍然不曾放棄『迴向三代』的理想，他們的理想主義較之北宋諸儒似乎蒙上了一層憂慮的輕紗」〔註134〕。在士大夫間普遍存有一種「晉宋情結」

〔註130〕 〔宋〕俞松：《蘭亭續考》卷一，北京：中華書局，1985 年。
〔註131〕 〔宋〕俞松：《蘭亭續考》卷一，北京：中華書局，1985 年。
〔註132〕 〔宋〕俞松：《蘭亭續考》卷一，北京：中華書局，1985 年。
〔註133〕 〔宋〕周密：《齊東野語》卷十二，北京：中華書局，1983 年。
〔註134〕 余英時：《士與中國文化》，上海：上海人民出版社，2003 年，第 520 頁。

〔註135〕，姜夔無疑是典型。方回說：「近世爲詩者，……又且借是以爲遊走乞索之具，而詩道喪矣。……且眞詩人所以難得何也？……以詩爲乾渴乞寬之資，敗軍之將、亡國之相，尊美之如太公望、郭汾陽，刊梓流行，醜狀莫掩。嗚呼，江湖之弊，一至於此」。在舉世干謁，醜狀莫掩的世風中，姜夔一生未仕，以布衣終生。據夏承燾考證，「白石孩幼隨宦漢陽，依姊漢川；壯歲侍婦翁於湘浙，從知好於越贛」〔註136〕，夔一生浪迹江湖，是當時典型的清客雅士。他不投靠官府，不倚仗權勢，憑著自己的文藝才能往來於山水之間。

　　那麼，除了上述「《蘭亭》情結」外，姜夔的「晉宋情結」在書法領域中還有哪些表現呢？其書論名作《續書譜》也是很好的例證。明陶宗儀云：「嘗著《續書譜》一篇，以繼孫過庭之作，頗造翰墨閫域」〔註137〕，謝采在《續書譜序》中說：「議論精到，三讀三歎，眞擊書學之蒙者也。」其實該文無論行文抑或體例，都與《書譜》有很大的不同，但「味鍾、張之餘烈，挹羲、獻之前規」的崇晉抑唐的思想卻與《書譜》前後相應。據《四庫全書》本，全書分爲總論、眞書、草書、用筆、用墨、行書、臨摹、方圓、向背、位置、疏密、風神、遲速、筆勢、情性、血脈、書丹、燥潤和勁媚等二十章，其中燥潤和勁媚有目無辭，實爲十八章。全書意在以魏晉書風爲典範，又提倡「時出新意」，以「風神」一詞爲統領的關捩。所謂「風神者，一須人品高，二須師法古，三須紙筆佳，四須險勁，五須高明，六須潤澤，七須向背得宜，八須時出新意」。姜夔明確提出「魏晉書法之高，良由各盡字之眞態，不以私意參之耳」，「大凡學草書者先當取法張芝、皇象、索靖等章草，則結體平正，下筆有源，然後效王右軍，申之以變化，鼓之以奇崛」。在追慕魏晉先賢的同時，姜夔又十分注重書法中的「新意」迭出。他所崇尚的新意是發揚個性，展現自然的審美追求。在「方圓」一章中，姜夔認爲不同書體雖各有所宜，但都以自然爲最高境界。「方圓者，眞、草之體用。眞貴方，草貴圓，方者參之以圓，圓者參之以方，斯爲妙矣。然而方圓曲直，不可顯露，直須

〔註135〕　注：「（劉過）流落江湖，酒酣耳熱，出語豪縱，自謂晉宋間人物」（《遊宦紀聞》卷一）；「（范成大）公風神英邁，意氣傾倒，拔新領異之談，登峰造極之理，蕭然如晉宋間人物」（卷八十三《探石湖先生大資參政范公文集序》）；「（王叔雅）其胸中自與甚高，望之蕭然簡遠，若晉宋間人」（卷一百二十六《王叔稚墓誌銘》）

〔註136〕夏承燾：《姜白石詞編年箋校‧白石行實考》，上海：上海古籍出版社，1981年。

〔註137〕〔明〕陶宗儀：《書史會要》卷六，上海：上海書店，1984年。

涵泳，一出於自然」。這種對魏晉書法的推崇之情繼北宋書家「尚意」書風的餘緒，又作爲南宋重要的書論代表而對元代「復古」書風的全面開啓起到一定的影響。

　　總之，以姜夔的「《蘭亭》情結」爲出發點而洞悉其頗具「魏晉情結」的詩意人生——「嗚呼！堯章一布衣耳，乃得盛名於天壤間若此，則軒冕鍾鼎，眞可敝屣矣」〔註138〕——是理解南宋《蘭亭》接受的一個典型個案。

〔註138〕〔宋〕周密：《齊東野語》卷十二，北京：中華書局，1983 年。

第 4 章 　 唐宋《蘭亭》接受的文獻總結

4.1 唐宋《蘭亭》版本舉要

　　東晉到隋的史料中鮮有《蘭亭》著錄，唐代之後，《藝文類聚》、《初學記》
等諸多文獻出現《蘭亭》記載，其中最爲著名的要數《晉書·王羲之傳》中
收錄《蘭亭》原文。借助唐太宗對王羲之熱情洋溢的傳贊，這篇神聖光環籠
罩下的書法傑作由此改變了沉寂的命運，一躍而升格爲書聖王羲之的代表書
作，大規模的摹寫和傳刻活動如火如荼地展開，多種《蘭亭》版本應運而生。
如此，研究唐宋之際《蘭亭》的版本問題，對於《蘭亭》的接受是必不可少
的研究向度，同時對於整個「《蘭亭》學」的研究，也是十分重要的文獻總結。
由於臨摹、傳刻的時間、地點、作者、材質等元素的不同，《蘭亭》的版本種
類繁多，體系繁雜。筆者擬把管見所及的版本依據臨本、摹本和刻本的分類
以表格的形式進行羅列，並附以相應的解說和簡短的分析。﹝註 1﹞文獻徵引材
料以《六藝之一錄》、《式古堂書畫彙考》、《佩文齋書畫譜》、《珊瑚網》、《墨
緣彙觀》、《書畫跋跋》、《壯陶閣書畫錄》、《庚子銷夏錄》和《石渠寶笈》等
爲主。

﹝註 1﹞ 臨本、摹本和刻本的分類存在著一定的交叉。首先，臨本和摹本經過「摹勒
　　　　上石」等一系列複雜的複製程序後，都可以成爲傳刻本。刻本的繁多，勢必
　　　　會帶來論述中分類的混雜。本文在行文中力爭對臨本、摹本的原始形態進行
　　　　分類；和其次，雖然「臨」和「摹」是兩個不同的學習過程，誠如姜夔《續
　　　　書譜》言：「臨書易失古人位置，而多得古人筆意；摹書易得古人位置，而多
　　　　失古人筆意。」但在古代的著錄中「臨」、「摹」時常互用。在論述「臨本」
　　　　的過程中如出現「摹本」的描述，實應指臨本。

4.1.1 唐宋《蘭亭》臨本舉要

表4-1：傳虞世南臨本

著錄文獻	內容提要	主要題跋文、及收藏印	主要藏家	筆者注
董其昌跋《禊帖》後〔註2〕	白麻迹一卷，有「天曆之寶」及「宣政紹興」諸小璽。張東海先生觀於楊氏之衍澤樓，筆法飛舞，神采奕奕，可想見右軍眞本風流，實爲希代之寶。乙酉中秋重題	宋景濂小楷題跋	曾入元文宗御府，楊士傑、吳用卿、董其昌藏	現藏故宮博物院
虞世南臨王右軍《蘭亭序》〔註3〕	白麻紙本，墨色黯淡神采具備，有自然淳古之氣發乎楮墨之間。淳熙五年十月朔，魏昌、楊益同觀。世稱「天曆《蘭亭》」者是也。此本用筆、結體全類開皇刻本，蓋唐模之最佳者。董文敏、陳眉公定爲虞書，則未敢許。	前宋綾隔水鈐押「天曆之寶」。帖前上角鈐「圖書」二字朱文半印，小角有「內府圖書」朱文，帖後有「紹興連珠」小璽，「斯文」下有長方一印前後半鈐。左下角書「臣張金界奴上進」，後綾隔水上下鈐「紹興小璽」及御府之印。又「張氏珍玩」、「北燕張氏寶藏」二印。明初宋金華以及張東海、董華亭、朱之蕃、王衡、陳繼儒等跋。	卷多吳江村、馮涿鹿收藏印。戲鴻堂曾刻	現藏故宮博物院
唐虞世南臨《蘭亭帖》一〔註4〕	上等素箋本，行楷書，無款，姓名見跋語中。卷末有「臣張金界奴上進」七字。卷前隔水有黃簽標題：「唐虞永興臨《禊帖》，蕉林寶藏，神品上上。」十五字，拖尾有淳熙五年十月朔，魏昌、楊益同觀。	前有「內府圖書」一印，又「圖書半印」一。卷末有「紹興連璽」又半印，「滕褕伯壽永存珍秘」、「楊宛叔圖書記」、「茅止生圖書印」、「楊明時印」、「梁清標印」、「餘清齋圖書印」、「吳廷書印」，諸印押縫有「天曆之寶」一璽，又「江邨馮氏鹿庵珍藏圖籍印」、「吳國遜印」，後隔水有「蒼岩子玉立氏印」，押縫有「紹興」連璽二，又「馮銓之印」、「江村御前」之印，有「張氏珍玩」、「北燕張氏寶藏」二印。等等外簽乃趙文敏公題、董其昌、蔣山卿、楊明時、朱之蕃、楊宛、陳繼儒、楊嘉祚、宋濂跋，王祐、張弼、王衡、吳廷記。	楊士傑、吳孝甫、楊宛叔、茅止生、馮鹿庵、梁清標等	現藏故宮博物院

〔註2〕 〔明〕董其昌：《畫禪室隨筆》卷一，南京：江蘇教育出版社，2005 年。
〔註3〕 〔清〕安岐：《墨緣彙觀》卷一，松泉老人編，1909 年鉛印本。
〔註4〕 〔清〕張照：《石渠寶笈》卷四，景印文淵閣《四庫全書》824～825 冊，臺北：商務印書館，1986 年。

| 唐虞永興臨《蘭亭》眞迹卷〔註5〕 | 絹本，唐營造尺，長三尺八寸，寬一尺二寸，凡二十四行，尾書「貞觀三年三月虞世南臨」。康熙丙寅春日御筆眞書十六行謹案，至此卷賜與何人，因而流佈人間，其年月本末則待考。 | 卷首「宣和御覽」朱文方璽一，卷尾「紹興」朱文小長璽一，黃陵本跋一幅 康熙宸翰朱文小方璽鈐「御筆」二字上，聖祖御跋已恭列。 | 古芬閣藏 | 亡佚，待考 |
| 虞世南林臨本〔註6〕 | 「會」字缺，不署書人，然一觀即知爲虞世南書，蓋神韻與《孔子廟堂碑》極相似也。董其昌謂：「張金界奴本似永興所臨，然尚不及此本之似。」 | 此卷是虞手臨，其精神氣韻圓健潤秀，足追山陰眞脈，較之五代時重刻《廟堂碑》文，相懸正不可道里記也。馬治識。虞秘監書世不多見，《廟堂碑》又重刻失眞，唯昔見舊拓《昭仁寺碑》正書，與此筆法相類，渾厚古茂爲唐刻之冠。吳飛翰識。 | | 待考 |

【解析】傳虞臨本即「天曆本」、「張金界奴本」。乾隆四十四年御刻《蘭亭八柱帖》時，把它列爲「八柱第一」。此本現藏北京故宮博物院，北京出版社有影印本發行，是個較爲常見的版本。但從以上的著錄來看，仍存在著一些問題。首先是關於這一臨本的書寫者究竟是誰，《畫禪室隨筆》、《眞迹目錄》、《南陽法書表》、《珊瑚網書錄》等認爲是褚遂良臨寫；《大觀錄》、《墨緣彙觀》、《石渠寶笈》等認爲是虞世南臨寫。有趣的是，董其昌在不同的時間、不同的題跋對其有不同的歸屬。他最初見到這一臨本時如此題跋：「萬曆丁丑（1597）觀於眞州吳山人孝甫所藏，以爲甲觀。後七年甲辰（1604）上元日，吳用卿攜至畫禪室，時余已摹刻此卷於《戲鴻堂帖》中」〔註7〕。看來他並沒有提到臨者爲誰。到乙酉中秋時，即 1609 年，在《跋禊帖後》〔註8〕一文中把它歸爲」唐褚河南臨」，到 1618 年，董其昌把這本傳虞臨本送給茅元儀時，卻在跋語中寫到「此卷似永興所臨，曾入元文宗御府」〔註9〕。在肯定董其昌所指的是同一個臨本的前提下，我們無從猜測他產生變化的原因何在，把古代書作附會爲名人手筆往往能提升書作價值，這也是一般的常理。由此

〔註5〕〔清〕楊恩壽：《眼福編又二集》卷四，清光緒間刻本。
〔註6〕容庚：《蘭亭八十一刻》，《文學年報》1939 年第 5 期。
〔註7〕〔清〕張照：《石渠寶笈續編》三十一卷，景印文淵閣《四庫全書》824 冊，臺北：商務印書館，1986 年。
〔註8〕〔明〕董其昌：《畫禪室隨筆》，南京：江蘇教育出版社，2005 年，卷一。
〔註9〕同註1。

可見這個臨本的眞正書寫者並不能確定。徐邦達認爲「此本用白麻紙，紙質比較粗鬆，應爲較早的唐代物」〔註10〕。可見爲唐人書寫應爲定論，但具體書寫者就無從考證。其收藏經過大致如下：元文宗御府，明代楊士傑、吳用卿、吳孝甫、董其昌、茅元儀、馮銓，清代梁清標、安岐，清皇室、現藏故宮博物院。

表一中的第四行出自楊恩壽的《眼福編》二集，與此相類似的著錄還有《眼福編初集》和《古芬閣書畫記》。此處明確有「貞觀三年三月虞世南臨」的落款，是否眞有此臨本，因爲沒有流傳，不能斷言。余紹宋在《書畫書錄解題》中說「《眼福編》是編初集皆題杜瑞聯古芬閣所藏書畫之作，杜氏所藏諸迹之荒謬不足信已。」因此看似出現過三次的著錄，其實都源自《古芬閣書畫記》，因爲沒有傳本在世，也沒有其他資料作以旁證，此條存疑待考。

表一中第五行是容庚《蘭亭八十一刻》所載，由於這個版本著錄甚少，亦存疑待考。

表4-2：傳褚遂良臨本

著錄文獻	主要內容	主要跋者、印章	主要藏家	筆者注
褚摹《禊帖》〔註11〕	蘇易簡題「有若象夫子，尙興闕里門。虎賁狀蔡邕，猶傍文舉尊。昭陵自一閟，眞迹不復存。予今獲此本，亦可比璵璠。」徐珵云：此本乃吾友劉廷美所收者，蓋蘇武功家故物也。有慶曆、治平、嘉祐、熙寧、元祐諸賢題識。以爲褚河南摹者，今雖不可知其是否，然視他本獨得晉人筆意，要非唐人不能到也。王世貞《弇州山人四部稿》云：蓋唐人於河南臨本上加雙鈎耳。	易簡、范仲淹、蔡襄、王堯臣、裴煜、薛嗣昌、范純粹、范子奇葛蘋、米芾、蘇實題，米友仁跋、徐珵、李應禎題	蘇耆家藏第一本，劉廷美、蘇武功	今已亡佚
《褚模王羲之《蘭亭》帖〔註12〕	永和九年暮春月，內史山陰幽興發。群賢吟詠無足稱，敍引抽毫縱奇箚。愛之重寫終不如，神助留爲	蘇太簡題籤、米芾贊、范仲淹題	蘇耆家藏第二本，在蘇舜元	現藏故宮博物院

〔註10〕 徐邦達：《王羲之〈蘭亭序〉前後摹臨本七種合考》，香港《書譜》，第44～47期。

〔註11〕 〔清〕卞永譽：《式古堂書畫彙考》卷五，景印文淵閣《四庫全書》827冊，臺北：商務印書館，1986年。

〔註12〕 〔清〕卞永譽：《式古堂書畫彙考》卷五，景印文淵閣《四庫全書》827冊，臺北：商務印書館，1986年。

	萬世法。二十八行三百字，之字最多無一似。昭陵竟發不知歸，模寫典刑猶可秘。彥遠記模不記褚，要錄班班紀名氏。後生有得苦求奇，尋購褚模驚至一世。寄言好事但賞佳，俗說紛紛那有是。米芾重裝。陳敬宗題：「說者以爲褚遂良所臨。用筆精熟，略不經意。然神氣完密，風韻溫雅，體格規矩咄咄逼眞。」發僧上振跋：「余所得褚臨此卷筆力健勁，風神灑落，可稱神遊化境，不可思議者矣。」	米芾記張澤之書陳敬宗題發僧上振四跋	房。現藏故宮博物院	
褚登善臨《蘭亭》帖〔註13〕	雖臨王書，全是褚法。其狀若岩岩奇峰之峻，英英穠秀之華。翩翩自得，如飛舉之仙；爽爽孤騫，類逸群之鶴；蕙若振和風之麗，霧露擢秋韣之鮮；蕭蕭慶雲之映霄，矯矯龍章之動彩；九奏萬舞，鵷鷺充庭，鏘玉鳴瑲，窈窕合度，宜其拜章帝所，留賞群仙也。至於「永和」字全其雅韻，「九」、「觴」字備著其眞標，「浪」字無異於書名，「由」字益彰其楷則，「若未」、「已夫」臨仿莫稱於薛魏，賞別不聞於歐虞。信百代之秀規，一時之清鑒也。		王文惠	即黃絹本現由林伯壽藏，臺北故宮博物院借藏
臨《蘭亭》第一、二卷〔註14〕	世稱爲黃絹本，吾師所著《蘇米齋蘭亭跋考》則直以此卷爲僞作，然余細辨此處實有合縫之痕，復因重裝此卷，揭視絹背，則此行前後恰是兩絹合接，第接法甚精，閱時且久，縫痕及絹質俱化，竟有連而爲一之形。	黃絹幅尾，實有楚國米芾一印莫雲卿、周公瑕、文休承、俞允文、陳仲醇、徐益孫、王百穀、沈翰庵跋	薛居正公、孫曠王文惠米海岳黃仲威王弅州、查映山	即黃絹本現由林伯壽藏，臺北故宮博物院借藏
	褚臨《蘭亭》絹本，此本軒豁刻露過於黃絹本。王虛舟跋所云：「筆墨之外，別有一種超詣便減之趣者，爲得其眞。故南雅跋所稱虛和古拙者，尚未相似也。」憶《快雪堂》所刻《褚臨蘭亭》題爲第十九本，知河南公當日摹本最多，宜其間用我法，筆勢錯出，不一律矣。	朱文芾印，子由兩印，卷後有許初、賀天鈞、唐宇肩及王澍、梁同書、孫星衍、顧蒪各跋，前後鈐縫有項子京各印。	天籟閣舊藏本王晉卿家物，後爲姜宗伯得，歸晉昌汪氏，又稱頤眞堂主人家藏。又王月軒藏	現藏湖南博物館

〔註13〕　〔清〕卞永譽：《式古堂書畫彙考》卷五，景印文淵閣《四庫全書》827 冊，臺北：商務印書館，1986 年。

〔註14〕　〔清〕梁章鉅：《退庵金石書畫跋》卷六，清道光二十五年刻本。

臨《蘭亭》眞迹〔註15〕	管所得是蘇沂家本，公所得是王文惠家本。第管本余猶疑其自米臨本上重臨出此本，寧詎是河南手臨乎？司寇固具眼，人第有一眞本，斯贋本易別。若俱是贋本，則所謂一種僞好物者，未免以貌似眩離婁矣。	前錄王世貞跋		即黃絹本現由林伯壽藏，臺北故宮博物院藏
褚臨《蘭亭》〔註16〕	(1)蘭亭序褚河南臨，澄心堂紙，在海寧陳家，闕三行。(2)蘭亭褚臨墨迹絹本，王弇州家藏，復歸新都汪太學，今在廣陵。(3)蘭亭唐標第七本，絹素，奕奕無題跋，亦似褚筆，今在新都。	米元章跋有米元章小行楷跋		(2)即為黃絹本(1)、(3)待考
臨《蘭亭》墨迹冊〔註17〕	唐初大麻紙，黃色頗深，較貞觀寫經麻紙更厚而結。共七葉，每葉高工部尺七寸四分，寬三寸四分，每葉五行，前六葉序文，二十八行，署款一行褚書規格與今《定武本》同。而雄健飛動自起自落，每字較定武展大數分，妙在勁折夭矯，絕大魄力仍橫平豎直，無一筆不神凝氣靜，與舊傳褚臨專尚姿態者無一字相似，以河南妙手臨右軍墨迹固應如此。近年付一庸匠重裝又，損移數字，思之心痛。	末葉空上用「天寶御印」大璽二方，各二寸三分半。		待考
	又，河南落筆便具有千丈之勢，而橫平豎直，全以雋折出之，飛鴻舞鶴，有翔空際，此文皇君臣一代開國氣象可開卷得之。	又，尾幅有「天寶御印」大璽。	仲若	待考

【解析】從表二不難看出傳褚臨本的複雜性來，米芾在《書史》中說「蘇耆家《蘭亭》三本」，上表中第一、二行著錄《式古堂書畫考》的內容即米芾所言的蘇家前兩本。第二項是「蘭亭八柱第二」，也是現在影印本中比較常見的。此本還著錄於《墨緣彙觀》法書卷上、《石渠寶笈續卷》、《大觀錄》卷一。表二中第三、四、六行即傳褚臨黃絹本《蘭亭》，著錄還見於清高士奇《江村銷夏錄》卷三和清吳升《大觀錄》卷一。其收藏經過大致是先出於丞相薛居正家，之後歸於王文惠、沈存中等人之手，再後被米芾購得，鑑定為眞迹秘玩，題跋珍藏。到明朝，「褚摹黃絹本」藏於深山民家，被黃仲威拾遺後，又被尚書

〔註15〕〔明〕孫鑛：《書畫跋跋》續卷一，景印文淵閣《四庫全書》816冊，臺北：商務印書館，1986年。

〔註16〕〔明〕董其昌：《容臺集》，《四庫禁燬叢刊》，北京：北京出版社，2000年。

〔註17〕裴景福：《壯陶閣書畫錄》卷一，北京：學苑出版社，2006年。

王世貞用重金購得，莫雲卿、周天球、文嘉、俞允文、陳仲醇、徐益孫、王稚登、沈脩庵等書畫鑒定家曾觀看。清代，「褚摹黃絹本」出尚書王儼齋家，後轉查映山、翁方綱，最後為江蘇巡撫梁章鉅所得，現由林伯壽藏，臺北故宮博物院借藏。此本曾被孫鑛在《書畫跋跋》說成贗品，詳見上表第六行，他對蘇沂家本和王文惠本同時懷疑，指出作偽者「以貌似眩離婁」。翁方綱在《蘇米齋蘭亭考》中也認為是贗品，但梁章鉅卻為其辯護，詳見上表第四行。另外，梁氏藏有另一個絹本《蘭亭》，現藏湖南省博物館，著錄文獻中也只有《退庵金石書畫跋》中記載。關於表二第六行《佩文齋書畫譜》中的三條著錄，李慧聞有過詳細考證，具體可參看其文《董其昌所見所評唐臨摹本〈蘭亭序〉及其 1618 年贈人的一本〈蘭亭〉：關於鑒定學的一項個案研究》〔註18〕一文。

表 4-3：隋唐其他《蘭亭》臨本

臨寫者	著錄文獻	主要內容
智　永	《蘭亭考》卷六	右軍《蘭亭修禊》前序，世傳隋僧智永臨寫後序，唐僧懷仁素箋麻所書共成一軸。唐初虞褚輩多臨《蘭亭》，而永禪師實右軍末裔，頗能傳其家法。故此書沽動宛有回鸞返鵠之意，較之世間石本何啻九牛毛邪？懷仁亦唐之書僧，號為能習右軍書者，首尾映帶殊為尤物。錢唐吳説題
陸柬之	《蘭亭考》卷五	今校理錢延年有柬之書《蘭亭》，用綠麻紙，押尾署陸司議書，雖外露毛骨而雅有風氣。
	《庚子銷夏記》卷一	陸司議蓋見《蘭亭》墨迹者，昔人稱其用綠麻紙臨《蘭亭》，押尾署陸司議書，最為精工，惜今不傳矣。
歐陽詢	《廣川書跋》卷六	歐陽率更臨《蘭亭》則自出家法，不復隨點畫也。
薛　稷	《金石文考略》卷三	薛少保臨本罕見於評論，唯沈景倩《飛鳧語略》謂：《蘭亭》自殉昭陵後人間僅留歐、虞、褚、薛四臨本云云。
孫過庭	《蘭亭八十一刻》錄孫虔禮草書本《蘭亭》	前有「晉王右軍《蘭亭修禊敘》孫過庭書」草書兩行，斯文下有「垂拱二年二月」六字，宋理宗列己集第七刻。
劉秦妹	《書賦》	馬家劉氏臨效逸斤，《安西》、《蘭亭》貌奪真迹。
柳公權	《蘭亭續考》卷一	高似孫云：《禊帖》趨唐乃有湯普徹、韓道政、馮承素搨本，皆不如永禪師、褚河南所臨，唯柳誠懸自用柳法作大字，雋奇特甚。
諸葛思禎	《來齋金石刻考略》卷下	諸葛思禎與內府臨《蘭亭》，趙子函以為筆法虬健，波拂處大類褚河南書，可寶也。獻陵陪葬，僅存此碑。

〔註18〕李慧聞，「董其昌所見所評唐臨摹本《蘭亭序》及其 1618 年贈人的一本《蘭亭》：關於鑒定學的一項個案研究」，白謙慎、華人德主編：《蘭亭論集》，蘇州：蘇州大學出版社，2000 年版，第 433～462 頁。

吳通微	《寶真齋法書贊》卷七	大中大夫，行尚書職方郎中，知制誥，充翰林學士，東海縣開國男，吳通微臨書。岳珂云：蓋以意臨寫，故獨與眾本不同云。
宋儋	《蘭亭八十一刻》	行書本前有「唐秘書郎宋儋臨蘭亭」行書一行。後有「宋儋」及「寶慶二年三月」兩行，及「昭文之印」四字方印，與王用和本刊石年月同。雖云臨本，而字體頗異，故以入之別體。
唐人	《南村輟耕錄》	硬黃臨《蘭亭》卷之六「蘭亭集刻」已集，九刻。
《蘭亭序》習字	《敦煌寶藏》〔註19〕	經生臨習《蘭亭》，見《敦煌寶藏》第 122 冊 2544 號。
臨《蘭亭序》殘卷	《筠清館法帖》〔註20〕卷二	有釋悅、高遜志、吳榮光跋。有缺字。

【解析】除了臨寫《蘭亭》，陸柬之還臨寫過《蘭亭》五言詩，柳公權還寫過《蘭亭詩帖》。在談到歐陽詢臨寫《蘭亭》時，怎麼也繞不開「定武蘭亭」的話題，因為「定武本」乃刻本，本文在此不詳細闡述。孫過庭的草書本《蘭亭》可惜已經失傳，不然可以作為研究「臨寫觀」的重要素材，即「臨」觀念超越複製式的「對臨」可以提前到唐代。從《敦煌寶藏》中經生寫《蘭亭》的臨本和《續書賦》中記載的劉秦妹的臨寫足以看出《蘭亭》在唐代的流傳有多麼普遍，可見它不僅是王公大臣的賞玩之寶，也深入到民間的方方面面。

表4-4：米芾《蘭亭》臨本

著錄文獻	主要內容
米元章臨《蘭亭》一卷〔註21〕	紙張白淨如新，書法風致文秀動人，絕無近習。此卷為世有名之書，卷後有文衡山枇書題識。
宋米芾《臨晉王羲之褉序》〔註22〕	白褚紙本，項氏收藏批字編號，末角有「沈氏寶玩」朱文印，後紙文衡山、董文敏二跋。
宋米芾臨定武《蘭亭》一卷〔註23〕	次等一日，素絹烏絲闌本，無款，卷後有米芾一印，拖尾有周文褒書蕭翼賺《蘭亭》事實並跋語。
米氏袖珍本〔註24〕	米元章得褚摹黃絹真迹，對紫金浮玉裁為袖珍手裝成卷者，即此是也。

〔註19〕 黃永武主編：《敦煌寶藏》，臺北：新文豐出版公司，1986 年。
〔註20〕 〔清〕吳榮光：《筠清館法帖》，上海：文明書局，清宣統元年 1909 年影印。
〔註21〕 〔清〕吳其貞：《書畫記》卷二，邵彥點校，瀋陽：遼寧教育出版社，2000 年。
〔註22〕 〔清〕安岐：《墨緣彙觀》續卷，松泉老人編，1909 年鉛印本。
〔註23〕 〔清〕張照：《石渠寶笈》卷三十一，景印文淵閣《四庫全書》824～825 冊，臺北：商務印書館，1986 年。
〔註24〕 〔清〕王澍：《竹雲題跋》卷一，北京：中華書局，1991 年。

【解析】米芾和《蘭亭》有著極爲密切的關係，除了被認爲是褚臨本之一的眞正臨寫者以外，他的臨寫也得到了人們的肯定，虞集、黃溍、祝允明、文徵明等人極力推崇。《六藝之一錄》卷一百六十中記載胡翰言：「米南宮論《蘭亭禊帖》毫髮無遺，至其所自書乃縱橫若此。蓋出入規矩晚年筆也。南宮嘗言善書得一筆，已獨有四面，故其對帖臨仿者與眞無辨，而任意揮灑者入妙自得，人鮮及焉。」

表 4-5：薛紹彭《蘭亭》臨本

著錄文獻	主要內容
薛道祖《蘭亭二絕》〔註 25〕	定武石藏道祖家，道祖又最嗜古迹，應日臨數過，然傳世者少，何也？此臨本今刻《停雲館帖》中，亦覺力弱，彷彿形似間不甚有骨。
薛道祖《蘭亭二絕》〔註 26〕	薛道祖手書《禊帖》是從眞定武本臨得者，足稱哲裔。此帖文徵仲太史家藏入張伯起轉以售余，箋首有徵仲八分小字精絕之甚，及危太素虞伯生二跋皆可寶也。獨蘭亭畫乃宋人筆僅半幀，伯起定作趙千里恐未當耳。宋人唯道祖可入山陰兩廡，豫章襄陽以披猖奪取聲價。可恨可恨。
宋薛彭紹臨《蘭亭序》一卷〔註 27〕	次等月一，素絹烏絲闌本，無款卷後有薛彭紹一印，拖尾有錢良右記語一，倪瓚跋一，文徵明題識一。
薛修撰道祖臨寫本〔註 28〕	定刻得薛氏父子而顯，觀道祖臨帖殊可賞愛，豈心誠求之之故。《蘭亭》自入渠筆端耶，如未能然，匠意經營終不近爾。帖藏卞山已久，今乃入於御溪。歐陽公謂物常聚於所好者是也。淳祐二年孟秋九日，雪濱病叟李心傳題。
宋搨《蘭亭》〔註 29〕	此本紙色搨法既是北宋物，乃與堯章偏傍結構不盡合，則正係道祖私摹本，珍重、珍重，勝偏傍合者多矣。

【解析】宋薛彭紹在北宋書家中是對《蘭亭》用力很勤的，其臨本在《停雲館帖》中可以找到。樓鑰在《攻媿集》中說：「宋之名書者有蔡君謨、米南宮、

〔註 25〕〔明〕孫鑛：《書畫跋跋》卷一，景印文淵閣《四庫全書》816 冊，臺北：商務印書館，1986 年。
〔註 26〕〔明〕王世貞：《弇州四部稿》卷一百三十，景印文淵閣《四庫全書》1281 冊，臺北：商務印書館，1986 年。
〔註 27〕〔清〕張照：《石渠寶笈》卷三十一，景印文淵閣《四庫全書》824 冊，臺北：商務印書館，1986 年。
〔註 28〕〔宋〕俞松，《蘭亭續考》卷二，北京：中華書局，1985 年。
〔註 29〕〔明〕孫鑛：《書畫跋跋》續卷二，景印文淵閣《四庫全書》816 冊，臺北：商務印書館，1986 年。

蘇長公、黃太史、吳練塘最著，然超越唐人，獨得二王筆意者，莫紹彭若也」，對薛彭紹書法做出了很高的評價。

表4-6：宋代帝王《蘭亭》臨本

臨寫者	著錄文獻	主要內容
宋仁宗	宋仁宗臨《蘭亭》卷〔註30〕	絹本，高七寸長二尺二寸。仁祖御書，楷書金字題於卷首，「御書之寶」、「曹溶私印」、「寶翰之章」、「御前米芾之印」，蕉標鑒定，此卷藏蓬萊新街盧小雲家。
宋徽宗	御書《修禊序》〔註31〕	恭惟徽宗皇帝天縱多能，筆力超邁，高掩前古，自出機杼。
宋高宗	高宗臨《蘭亭卷》〔註32〕	紙本高七寸長二尺一寸七分，紹興十九年夏五月臨賜陳康伯、紹興曹溶秘玩，蕉林鑒定。太邱陳氏，古林東溪，紹興庚午九月初五日，臣陳璠寶藏，陳氏秘玩。
	宋高宗臨《蘭亭》〔註33〕	此宋思陵所臨，以較穎上本無毫髮之異，蓋臨穎本也。穎本闕二十七字，此僅闕五字，後有思陵御押。曩在京師，從儼齋大司農公借得宋本，初見以爲穎上。觀後御押知是思陵所臨，因絕人事摹得之。 宋游丞相景仁藏《蘭亭》百卷內有一卷爲思陵臨賜向子諲者，行列比定武本爲寬，字亦極圓潤擶適，蓋其自運本也。此卷筆筆規模禇公，不惟形似，並其神韻而具得之。吾嘗說穎上爲禇摹《禊帖》第一，此本又思陵臨穎上第一，明眼人必能契余斯語。
	宋高宗臨《賜禊帖》〔註34〕	賜劉光世、賜陳康伯本、賜呂頤浩本。
吳皇后	憲聖慈烈皇后嘗臨《蘭亭帖》〔註35〕	佚在人間，咸寧郡王韓世忠得之表獻，上驗璽文，知是中宮臨本，賜保康軍節度使吳益刊於石。《中興小錄》時紹興十七年秋七月丙寅。 太后居中宮時，嘗臨蘭亭。山陰陸升之代劉珙《春帖子》云：內仗朝初退，朝曦滿翠屏。硯池渾不凍，端爲寫蘭亭，刻吳琚家。

〔註30〕〔清〕潘正煒：《聽帆樓書畫記》卷一，黃賓虹：《美術叢書》，北京：北京古籍出版社，1998年。

〔註31〕〔宋〕樓鑰：《攻媿集》，上海：商務印書館，1936年。

〔註32〕〔清〕潘正煒：《聽帆樓書畫記》卷一，黃賓虹：《美術叢書》，北京：北京古籍出版社，1998年。

〔註33〕〔清〕王澍：《竹雲題跋》卷四，北京：中華書局，1991年。

〔註34〕〔清〕卞永譽：《式古堂書畫彙考》卷五，景印文淵閣《四庫全書》827冊，臺北：商務印書館，1986年。

〔註35〕〔宋〕桑世昌：《蘭亭考》卷二，景印文淵閣《四庫全書》682冊，臺北：商務印書館，1986年。

【解析】自唐太宗對羲之書法大加讚賞之後，宋皇室對王氏書法的熱情依然不減，這突出地表現在宋朝幾個皇帝對《蘭亭》的熱衷。除了表六中著錄的宋帝王的臨本外，宋太宗曾御書前人詩：「不到《蘭亭》千日餘，嘗思墨客五雲居」。〔註36〕宋眞宗也收藏過《蘭亭》，「天禧中，相國僧元靄曾進唐勒石本一卷。」〔註37〕高宗朝時《蘭亭》臨寫達到高峰，詳見前文。宋光宗、寧宗、理宗諸帝也對王字情有獨鍾。〔註38〕所謂「上有所好，下必甚焉」，表七就是宋代《蘭亭》的其他臨本的著錄情況。

表 4-7：宋代其他《蘭亭》臨本

臨寫者	著錄文獻	主要內容
李建中	《蘭亭續考》卷一	王性之家《蘭亭》，云是唐人所臨。後有建中押尾。建中乃李西臺名也。以予觀之，落筆結字皆是西臺法度。此帖爲西臺所摹者，無復疑焉。
秦　觀	《式古堂書畫考》卷五	《書畫舫》云：秦少游臨《禊序》，前有李公麟圖，極精。
王　著	《蘭亭考》卷九	王著臨《蘭亭序》、《樂毅論》，補永禪師周散騎千字皆絕妙，同時極善用筆，使胸中有書數千卷，不隨世碌碌，則書不病韻自勝李西臺林和靖。蓋美而病韻者王著，勁而病韻者周越，皆渠儂胸次之罪，非學者不盡功也。
章子厚	《丹鉛餘錄》續錄卷二十一	宋章子厚日臨《蘭亭》一本，東坡日：章七終不高，從門入者非寶也，此可與知者道。
鍾離景伯	《蘭亭考》卷五	鍾離公序翰墨爲時所稱，亦前輩中潛心不倦未易跂及，臨學《蘭亭修禊序》古勁有體今已難得，好奇博識當知珍藏之也。襄陽米友仁元暉獲觀

4.1.2 唐宋《蘭亭》摹本舉要 〔註39〕

　　姜夔在《續書譜》中提到摹書所用的「雙鈎之法」。他指出：「雙鈎之法須得墨暈不出字外，或廓塡其內，或朱其背，正得肥瘦之本體。……或

〔註36〕〔宋〕桑世昌：《蘭亭考》卷二，景印文淵閣《四庫全書》682 冊，臺北：商務印書館，1986 年。

〔註37〕〔宋〕桑世昌：《蘭亭考》卷五，景印文淵閣《四庫全書》682 冊，臺北：商務印書館，1986 年。

〔註38〕水賚祐，「宋代《蘭亭序》研究」，中國書法家協會主編，《第四屆書學研討會論文集》，重慶：重慶出版社，1993 年，第 84～104 頁。

〔註39〕因「臨本」「摹本」在古代書論的著錄中概念存有含混，故此，筆者在《蘭亭》摹本一節僅列「神龍本」《蘭亭》，其餘全都列入上一節對《蘭亭》臨本的討論。

云雙鉤時須倒置之，則亦無容私意於其間。誠使下本明，上紙薄，倒鉤何害？若下本晦，上紙厚，卻須能書者爲之，發其筆意可也。夫鋒鋩圭角，字之精神，大抵雙鉤多失，此又須朱其背時，稍致意焉。」顯然，經過雙鉤，難免會有損原迹的風神，但對於準確傳達點畫位置、間架結構和章法布局來說，卻仍不失爲最好的方法。相傳《蘭亭序》眞迹已隨唐太宗殉葬昭陵，《蘭亭》摹本的保留傳爲「太宗命供奉搨書人趙模、韓道政、馮承素、諸葛貞等四人各搨數本，以賜皇太子諸王近臣」〔註40〕，今日我們仍能得以一見的《蘭亭》的最佳版本就是傳爲唐人馮承素的「神龍本」雙鉤廓塡本。

神龍《蘭亭》刻入「蘭亭八柱」，列爲第三本。因卷首有唐中宗李顯「神龍」年號小印，故稱「神龍本」。該卷前隔水有「唐摹蘭亭」四字標題，引首乾隆題「晉唐心印」四字，後紙有宋至明二十家題跋、觀款，鈐鑒藏印 180 餘方。其流傳經過，根據各題跋、印記和記載，大致如下：南宋高宗、理宗內府、駙馬都尉楊鎭，元郭天錫，明內府、王濟、項元汴，清陳定、季寓庸、乾隆內府。歷代著錄有：明汪砢玉《珊瑚網書錄》卷一、吳其貞《書畫記》卷四、卞永譽《式古堂書畫彙考・書考》卷三、顧復《平生壯觀》卷一、吳升《大觀錄》卷一、阮元《石渠隨筆》卷一、《石渠寶笈續編・重華宮》等。此本用楮紙兩幅拼接，紙質光潔精細。後紙項元汴題記：「唐中宗朝馮承素奉勒摹晉右軍將軍王羲之《蘭亭禊帖》」。據書畫鑒定家徐邦達考證：「此本爲馮摹之說，確定於明項元汴記語中，像郭天錫跋裏只不過是認爲『直弘文館馮承素等』『雙勾所摹』而已。自明末以來鑒藏著錄之家，都一致題爲馮氏摹本，無非是想藉重聲名，以擡高自己的寶藏品身價而已」〔註41〕，遂定爲馮承素摹本。其實，據翁方綱考證，卷首「神龍」半印小璽並非唐中宗內府鈐印，而是後人所添〔註42〕。元前論及《蘭亭》，鮮有「神龍本」的

〔註40〕 〔宋〕桑世昌：《蘭亭考》卷三，景印文淵閣《四庫全書》682 冊，臺北：商務印書館，1986 年。

〔註41〕 徐邦達：《古書畫僞訛考辨》，南京：江蘇古籍出版社，1884 年，第 52 頁。

〔註42〕 詳見翁方綱《蘇米齋蘭亭考》卷二：《蘭亭序》在唐貞觀中舊有二本，其一入昭陵，其一當神龍中太平公主借出搨摹，遂亡考。唐中宗重定改元「神龍」，又改「景龍」，乃傳至睿宗、元宗，而此帖旣云太平公主借出遂亡，則是神龍年間借出，以後未嘗復還唐內府也，而何以有「開元」小印乎？且同一貞觀時所藏之本，其定武本，不聞有貞觀印也，而何以神龍本「貞觀」、「神龍」諸印，不一而足？即以岳倦翁所云：「又五百載乃入御府，有小璽者是自唐初

提法。雖然袁桷《清容集》卷四十七題《秘閣續帖・劉無言雙鈎開皇蘭亭》中有《神龍蘭亭》的記載〔註43〕，但徐邦達以爲，這是另一種《神龍蘭亭》，因爲「袁跋中曾提到由楊氏入張、李二家，卻沒有說曾入郭氏，更沒有說有郭天錫至元癸巳的題跋，可知絕非就是郭氏本」〔註44〕。由以上說法來看，認定《神龍蘭亭》爲馮承素等人摹寫不一定可靠。筆者以爲可以確定的是，它仍是唐以來流傳有緒的古摹本。原因有以下兩點：其一，成於唐代咸亨三年（672）的《聖教序》是由弘福寺沙門懷仁集王羲之書法而成。《聖教序》在初唐有四序〔註45〕，時間前後相差三十年左右，它們的問世有著不同的背景，在書法史上也具有不同的價值，其中釋懷仁《集王蘭亭序》對於保留大王眞迹做出了很大的貢獻。筆者之所以在此引入《聖教序》，是因爲自明代孫鑛始就有論及《聖教序》選用《蘭亭序》之字的說法。孫氏指出《聖教序》中十八字乃出自《蘭亭序》〔註46〕，緊隨其後清代翁方綱擴展爲五十九字〔註47〕。當代學者曹寶麟撰文以爲「有將近四分之一的範字爲懷仁所青睞」〔註48〕。借助先賢時賢的觀點，我們得出結論：《蘭亭序》在《集王聖教序》問世之前就已有流傳。其二，徐邦達認爲，唐趙模集王羲之行書《千字文》中有二十四字完全採用神龍本《蘭亭》，「亦可反證《神龍蘭亭》確有來歷，因爲趙模正是曾經摹拓《蘭亭》眞本的弘文館拓書人之一」〔註49〕。通過以上論述，筆者以爲《神龍蘭亭》摹本雖然在元代以前未見著錄，但它至少在唐初就已流傳。

計至北宋爲五百載，始用小璽。」其理爲可信也，而此本神龍年間，太平公主借出時，何以遂預知其必不還歸？而多用「貞觀」、「神龍」諸印以爲記邪？此則事理之不可信者也。

〔註43〕「開皇眞本，後由榷場復入德壽御府，號《神龍蘭亭》，紙前、後角有『神龍』半璽，蓋唐中宗時所用印也。理皇下嫁周漢長公主於駙馬都尉楊鎭，故事：奠雁奏進禮物有一百二十奩，理皇從復古殿取《神龍蘭亭》爲第一奩以報。」

〔註44〕徐邦達：《古書畫僞訛考辨》，南京：江蘇古籍出版社，1884 年，第 58 頁。

〔註45〕「四序」分別爲：褚遂良《雁塔聖教序》（653 年）、《同州聖教序》（663 年）；王行滿《招提寺聖教序》（657 年）；懷仁《集王聖教序》（672 年）。

〔註46〕〔明〕孫鑛：《書畫跋跋》卷二《碑刻・聖教序》，景印文淵閣《四庫全書》816 冊，臺北：商務印書館，1986 年。

〔註47〕〔清〕翁方綱：《蘇米齋蘭亭考》卷八《聖教序中〈蘭亭〉用字考》。

〔註48〕曹寶麟：《〈集王聖教〉與〈神龍蘭亭〉之比勘》，《蘭亭論集》，蘇州：蘇州大學出版社，2000 年，第 367〜393 頁。

〔註49〕徐邦達：《古書畫僞訛考辨》，南京：江蘇古籍出版社，1884 年，第 52 頁。

4.1.3 唐宋《蘭亭》刻本舉要

當《蘭亭》進入受眾的接受視野中，刻本較之於臨本和摹本而言，還是最易於被接受的。在唐宋年間藝術品複製的方法並不發達，諸如印刷、照相等先進的方式尚未出現，摹本和臨本的接受者多集中在帝王和文人士大夫層面。所以，唐代《蘭亭》摹本雖多，但流傳不廣，刻本相對於摹本和臨本而言卻相對易於流佈民間。真正大規模的《蘭亭》的翻刻和收藏，興於南宋。彼時，收藏《蘭亭》之熱情風靡朝野，士大夫幾乎家置一石。宋高宗、孝宗到理宗等帝王以及大臣游似、賈似道等都把《蘭亭序》當做古董來收羅玩賞。其中，宋理宗收集前人摹刻拓本一百一十七種，丞相遊似收集百餘種，士人沈揆虞卿藏百餘本。士人賈似道雇用一批如廖瑩中、王用和等摹刻名手傳拓《蘭亭》。德祐元年（1275）賈氏被削職竄逐時，「朝廷命王孟孫簿錄其家，石刻多至《蘭亭》八千匣」〔註50〕。以下筆者擬就把管見所及的唐宋時期《蘭亭》的重要刻本做出簡單的羅列。《蘭亭》的刻本化身千萬，筆者所做的整理工作姑且是「渺滄海之一粟」的努力。

《蘭亭》刻本一系遠比摹本、臨本複雜。《珊瑚網》記載：「《蘭亭》自唐以後又分為二派：其一出於褚河南是為唐本；其一出於歐陽率更是為定武本。」又翁方綱在稿本《摹證蘭亭定武神龍兩派卷》〔註51〕一文中把《蘭亭》刻本按照「定武派」和「神龍派」進行分類。翁氏以為，「世所傳《神龍蘭亭》者，褚臨本也」〔註52〕，這一觀點與通常認為的神龍本係馮摹本的觀點不甚相同，但並不有礙大局，這是因為不論褚遂良，還是馮承素都相傳為《蘭亭》臨摹，的作者，而沒有確鑿的史實根據。以下，筆者對刻本的討論就分為「神龍派」和「定武派」兩大體系，所錄版本依從翁方綱的分類。如下神龍《蘭亭》刻本以「褚書」為主，而「三米本」、「宋搨劉貴妃並內侍張延禮《蘭亭》合卷」亦被翁氏列入「神龍派」。

〔註50〕 〔清〕朱彝尊：《曝書亭集》卷四十八，景印文淵閣《四庫全書》1317 冊，臺北：商務印書館，1986 年。

〔註51〕 翁方綱：《摹證蘭亭定武神龍兩派卷》收入容庚：《蘭亭五記》，《文學年報》，1940 年第 6 期。

〔註52〕 翁方綱：《蘇米齋蘭亭考》卷二，北京：中華書局，1985 年。

表4-8：神龍《蘭亭》刻本一系

名　稱	著錄文獻	主要內容
神龍半印	《曝書亭集》四十八	評《禊帖》者十九多推定武，獨陳長方謂唐人摹本非定武石刻所能及，是本有神龍半印正唐人摹本也……經熙寧、元豐諸賢審定，元人賞識，略同。比於瘦本差肥，然抑揚得所，骨力相稱。
神龍瘦本	《蘭亭八十一刻》	前有「神龍」二字朱文印，只存左半，又「□□書府」四字朱文方印，雙龍圓印，「神」「品」二字方印。十三四行之間有「貞」、「觀」二字方印，「褚氏」二字長方印。末行之下有「褚氏」二字長方印。
紹興摹神龍本	《蘭亭八十一刻》	與唐臨綠綾本同出一源，極相似。末有「紹聖」、「紹興」諸印，綠綾本無之，香雪院翻本與此略同。
神龍高行本	《蘭亭八十一刻》	此本高市尺七寸八分，較神龍本高四分強。
良常於氏藏本	《竹雲題跋》卷一	此吾邑於氏藏本，「因」、「向」、「之」、「痛」、「夫」、「文」六字雙勾，第九行闕。董文敏以紅箋補之，江上笪在辛跋為定武前者，非也。此皆神龍褚本耳。細按筆法無不合，同唯闕六字雙鉤為異……頃見宋丞相遊景仁所藏一本六字雙鉤，與於本一同。
唐人模本之刻本	《蘭亭續考》卷	陳齊之評唐人模本云：平生三見唐人模本《蘭亭敘》，一見泗南山杜氏木刻者；一是周延儁家本；一是蕉中書家。唯蕉氏本冠諸家本，其傳模不失真處決非定武石刻所能及。然不善，為斲血指，汗顏，模書手未免有之。
龍舒本	《蘭亭考》卷十一	一本刻褚書，有篆額《蘭亭記》作長行，後有「黃扉珍玩」印，「忠孝之家」圓方兩印，題貞觀八年褚遂良摹。
陸柬之本	《蘭亭考》卷十一	王氏《金石錄》云：「《五言蘭亭詩》二十四行，而《蘭亭》只類重刻鑱本。」又有陳和叔、郇國公、東坡、子由跋。
	《蘭亭五記》	癸之十，游氏跋云「右唐司儀郎陸柬之所書蘭亭詩，高宗皇帝嘗俯臨之。似偶得其真迹，既刻之石，遂以附《禊帖》之後。」
褚遂良花石本	《蘭亭八十一刻》	與「褚氏雙龍璽本」同出一源，極相似。「九年修禊此暎引以竹敘幽品類之因雖已嚮之死人若合懷夫古懷其致一有感於」諸字泐。末行「斯文」之左有「臣褚遂良」四字。程瑤田跋云：「褚登善《禊帖》兩種，米氏父子家法該蓋從此問津，今有跋詳後一種中，瑤田記。
褚氏雙龍璽本	《蘭亭八十一刻》	第二行「於」字之上有「雙龍方璽」，末行「文」字缺，左旁有「褚氏」二字朱文印。程瑤田跋云：「褚登善《禊帖》二種，風格略同。一本末有「文」字，後署「臣褚遂良」四字。此本末闕「文」字，後鈐「褚氏」二字。雖文章刻手則別本老蒼，此本秀潤，米氏父子家法，蓋從此問津。乙巳歲，瑤田居杭州：與梁山舟氏論《禊帖》，出此種舊搨

		見示，甚珍之，謂當是小米臨本。余曰似也，然未敢知其審。言已寄與曲阜孔氏刻入《玉虹樓鑒眞帖》中，程瑤田記。」
褚遂良臨本刻本	《蘭亭八十一刻》	略有泐識，「快」字作「快」，世人於唐寫本，每言褚臨，若此本者，眞褚臨也。與《聖教序》對觀，方知其似。馮敏昌跋云：「蘭亭異境，馮敏昌題。解人不當如是耶。昌再題。」 吳飛翰跋云：「當與同州聖教序參看，自各極其妙。戊寅冬月，吳飛翰觀。」
劉無言本	《頤庵集》	劉無言本首行亦有「會」字，筆勢稍活動，當是重刻褚本。褚本在宋時初藏蘇氏。米元章以名畫易得之，極爲寶愛，後嘉熙庚子西秦張澄清淑摹刻上石，不知無言，何時又重刻也。
	《金石文考略》卷三	昔人稱宋搨《蘭亭》自定武外，以復州爲勝，豫章次之。劉無言重刻張澄褚摹《蘭亭》爲第三本，今此帖稱張澄摹勒上石。
洛陽宮本	《蘭亭考》	一本「不痛哉」、「若合一契」兩行之間甚闊，止無「會」字。
	《竹雲題跋》卷一	唐文皇以褚摹本賜高士廉於洛陽宮，前有御書兩行，後有「臣褚遂良」四小字款。比河南他本筆法不殊風神，又別向藏涿鹿馮相國家，刻之《快雪帖》中，格韻清朗，自是近刻佳觀也。
婺女本	《蘭亭考》卷十一	一本自南澗家。一本褚遂良貞觀八年所模，敘首無「永」字，雖古而未盡善也。
	《竹雲題跋》卷一	此宋丞相游景仁所藏百種之一，首闕「永」字，後有「貞觀八年遂良摹」七大字矣，蓋當時奉命摹搨進御之外，必有自臨別本進御，唯恐不似則規規摹仿，法勝於意。自臨則心閒手敏，意勝於法。此卷別有法外之意，格韻又微不同，字大，書又不稱臣，決是自臨別本。
杵本	《蘭亭考》	因斫地而得者，有納窾，初號「杵蘭亭」，後易爲「褚」。
宋高宗御府褚摹《蘭亭》刻本	《蘇齋題跋》卷下	右《蘭亭》舊本，前有「機暇清賞」印，後有「紹興」二字印，是宋高宗御府所藏褚本也。前又有陳緝熙書畫印，陳鑑，字緝熙，吳郡人，明景泰中官國子祭酒，富於收藏，尤好鉤摹《蘭亭》，嘗以所藏宋拓本重摹轉售於人。
三米本	《蘭亭博議》	予頃見唐刻本有二，一是貞觀間石刻，一是泗南山杜氏所藏板本。崇寧初，米老嘗模刻於寶晉齋，號爲《三米蘭亭》，鋒勢筆法絕不類他本，區區寶愛定武者，是不知有唐刻本也。
	《蘭亭考》卷五	盱眙南山杜寶臣，字器之，父爲令祖，皆爲郎家。世傳此唐刻本《蘭亭》，余與二子五日模，視善工十日刻，世謂《三米蘭亭》出於世也。……壬午五月，西山寶晉齋手裝。

宋搨劉貴妃並內侍張延禮《蘭亭》合卷	《式古堂書畫彙考》卷五	右高廟時劉貴妃所書，宋丞相遊景仁楷書題 右嘉定間，內侍張延禮所書，已上三本其人品不同，字大小亦不同，然俱爲善學《蘭亭》者。宋丞相遊景仁墨迹楷書題。

　　《定武蘭亭》是《蘭亭》刻本中的最佳本，也是引起北宋以後《蘭亭》研究者最多關注的刻本。正如《金石文考略》所言：「蘭亭眞迹隱，臨本行於世，臨本少，石本行於世，石本雜，定武本行於世。」故此，提到《蘭亭》刻本，人們更多地會聯想到定武本。於是對它進行一番考鏡源流，是十分必要的事情。首先關於定武《蘭亭》的流傳情況，宋人有很多種說法，大致有以下幾種。

表 4-9：定武《蘭亭》來歷

著錄文獻	主要內容
《春渚紀聞》語見於續仲永所藏定武《蘭亭》後康伯所跋	定武《蘭亭》敍石刻世稱善本，自石晉之亂，契丹自中原輦載寶貨圖書而北，至眞定，德光死。漢兵起太原，遂棄此石於中山。慶曆中，土人李學究者得之，不以示人。韓忠獻之守定武也，李生始以墨本獻，公堅索之，生乃瘞之地中，別刻本呈公。李死，其子乃出石散模售人，每本須錢一千，好事者爭取之。其後李氏子負官緡，無從取償，宋景文公時爲定帥，乃以公帑金代輸，而取石匣藏庫中，非貴遊交舊不可得也。熙寧中，薛師正出牧，其子紹彭又刻副本易之，以歸長安。大觀間詔取其石，龕置宣和殿，世人不得見也。丙午金寇犯順，與岐陽石鼓復載而北，今不知所在也。
《蘭亭考》卷三錄榮芑記載	慶曆中，宋祁帥鎮日，有學究李姓者藏此石，死於妓家，樂營將孟水清者，得以獻祁，祁秘藏不妄與人，留於公庫，因謂之定本。後河東薛向來帥，其子紹彭別刻留郡，易之以行，今在長安帥薛嗣昌，紹彭之弟也。時內侍梁師成爲長安承受官，批旨取舊刻。嗣昌倉卒以紙三幅作一重搨石，第一本墨深，第二本墨淺，第三本又加淺，世謂之蟬翼本。字差大，有寫法，亦不可廢。先君通籍秘殿，詳聞此說，不可不廣。近康與之云：「與石俱載以北。」又宋定國嘗從使金云：「在所謂中京者。因並記之。」
《蘭亭考》卷三錄紹興七年蔡絛跋「定武古石墨本」	其三則定武本者，乃江左所傳晉會稽石也。自晉至錢氏末，天下既大一統，而定武在富民之家，好事者厚以金幣，從會稽取之而藏於家，未知在熙陵時歟？在定陵時歟？世罔得其始末。及後戶絕貲沒縣官，人始見之，因置諸定帥之便坐壁間。熙寧中，孫次公侍郎帥定，有旨納其石禁中，則又刻石而還之壁。元豐後，薛尚書向來定，遂取其石以歸，世但謂石歸薛氏，然不知雅非古矣。大觀初，裕陵方向文博雅，詔索諸旁方則無有，或謂此石亦殉裕陵，乃更取薛氏石入御府，今薛氏石又不知在亡。世猶有墨本且傳焉，況兵火之厄，則雖墨本當亦無幾。噫！可傷也已。

《蘭亭考》卷七錄王明清跋王厚之藏本	爲薛師正之子紹彭易去，宣和初，其弟嗣昌獻於天上，徽宗命龕置睿思東閣壁，靖康亂，獨此石棄不取。高宗駐蹕廣陵，宗澤居守東都見之，遣騎馳進，未逾月復南寇，大駕幸浙失之。紹興中，向子固叔堅帥淮南，密旨令搜訪不獲。其後，叔堅遭臺評，以謂窮窖藏，掘地土，蓋由此。紹興壬子夏，覓官修門，與順伯言此世所未聞，當識之所藏舊本之左。斯碑紙乃越竹，豈非維揚模打者歟？中元日汝陰王明清題於寓舍芙蓉閣。

　　以上關於定武《蘭亭》的流傳經過，雖然言人人殊，但薛氏父子卻是在各種記載中都出現的核心人物，他們也是定武《蘭亭》出現「五字不損本」和「五字損本」的「始作俑者」。而與此同時還有另外一種記載，本來定武《蘭亭》，顧名思義，因爲是在河北定武發現，故有此名，但卻有另外一種說法指出定武本原石在宋初是來自江南會稽的，而並非中原。此說記載原石由宗澤送至揚州，金人入揚州焚略時失去。可見，定武《蘭亭》的流傳是一個非常複雜的過程，一般而言，還是以表九中的第一種最爲常見。從其流傳經歷來看，既然傳爲歐陽詢摹勒上石，那麼「唐刻本」應該是最爲珍貴的，接下來要數「五字未損本」，最後才是「五字損本」。在定武《蘭亭》的諸多刻本中，最爲著名的要數元代柯九思藏本（現藏臺北故宮博物院）、元代獨孤長老藏本和元代吳炳藏本。其中前兩本缺損五字，係北宋書家薛紹彭將原石鑿去「湍、流、帶、右、天」等五字，獨孤長老藏本經火燒，亦名爲「火燒本」。而現藏於日本東京國立博物館的吳炳藏本五字赫然未損，是最珍貴的完全的原石拓本。在眾多的定武刻本中，筆者首先要談談「玉枕本」《蘭亭》，這個被傳爲定武《蘭亭》前身的刻本又名「袖珍本」，是用蠅頭小楷書寫成的。

表4-10：玉枕本《蘭亭》

著錄文獻	主要內容
《竹雲題跋》卷一	玉枕蘭亭有三本：其一見《太清樓帖》序云：「唐文皇使率更令以楷法摹《蘭亭》，藏枕中，名玉枕《蘭亭》」；其二則宋政和間，營繕洛陽宮闕。內臣見後有「役夫作枕小石」，有刻畫，視乃《蘭亭序》，只存數十字；其三則有秋壑使廖瑩中以燈影縮小刻之靈壁石者。
	賈秋壑玉枕本：文待詔云賈氏刻有二石，字畫大小皆同。其一有「秋壑珍玩」印章，右軍作立象而鬐心；其一坐而執卷，左有賈似道小印，豈當時得率更遺墨而刻一石，鐙影縮小者，又一石耶？余所見閩中蕭氏所藏石，乃坐而執卷者，所謂福州本是也。

《浙江通志》卷二百七十九	小字蘭亭南渡前未之有也，賈秋壑得一石枕，光瑩可愛，賈意欲刻《蘭亭》，人皆難之。忽一鐫者云：吾能躛其字法縮成小本體制規模，當令具在。賈甚喜，既成，果宛如定武本而小耳，缺損處皆全，亦神手也。今所傳於世者又此刻之諸孫也，世亦稱玉枕《蘭亭》云。
《珊瑚網》卷十九	玉枕《蘭亭》帖一在南京火藥劉家，一在紹興府，今皆不存。《禊帖》自褚河南縮爲小本，或謂歐率更亦嘗爲之，此本有右軍小像，題曰：「秋壑珍玩」。其賈氏所重刻者耶。景定間，似道柄國，凡《蘭亭》遺刻之在世者鮮不資其玩好也。金華王禕子克跋
《式古堂書畫彙考》卷五	右《蘭亭敘》玉枕本，乃歐陽率更眞迹。按唐文皇既得《蘭亭敘》，命侍臣趙模、韓道政等摹之，而以歐陽詢爲最，詢又縮而小之爲玉枕本。當時刻之禁中已極貴重，後人稱爲定武者此刻也……玉枕本世稱幾與定本相亂，然傷於華倩，視原刻如眾星之於斗也，詎能亂乎？此本古樸中饒有風骨，與趙子固所藏姜白石本無毫髮異，不待「盛」字上有小龜形，「由」字下之伸筆，「痛」字改筆不模糊，「列敘」字行如勒鐵，而知爲唐石宋搨也。舊在宋丞相遊似大部中，後入趙文敏、仇山村家，皆精於鑒定者。
《格古要論》	臨江府有玉枕《蘭亭》帖，永樂中佐得之毀於火，惜不知是何人所書。近在南京李莊家見之，云是趙子昂所書。字皆蠅頭小楷，方四五寸，字行如《蘭亭》古本。
《松泉集》卷十七	賈似道以所藏定武五字不損肥本《禊帖》屬婺州王用和縮爲小字，刻之靈璧石，號玉枕《蘭亭》。
《松泉集》卷十六	賈似道使門客廖瑩中縮定武《蘭亭》，刻之于闐。碧玉謂之玉枕《蘭亭》，陶宗儀《輟耕錄》中備載其事，今原搨不可得見，惟趙吳興臨本傳世。
《蘭亭八十一刻》	以校落水本，字體不甚相似。永和有清觴清惠萬所遇然與彭觴錄雖異，興攬感斯諸字略泐。馬治跋云：「鐙影縮本，始於歐陽率更，賈似道猶是重刻。然自秋壑靈璧石行於世，率更則無聞焉。此刻筆畫古勁，不同賈氏兩搨綺麗動人，如周鼎商彝，自然典重，的爲率更原摹無疑矣。辛酉上元夜燈下玩賞久之，因題其後。義興馬治。」

　　以下筆者將對唐宋之際定武《蘭亭》刻本進行分類討論，其版本紛繁複雜，有損本、不損本，肥瘦，有界無界、中斷斜斷等各種差異，僅枚舉如下：

表 4-11：定武《蘭亭》刻本一系

名　　稱	著錄文獻	主要內容
定武五字未損本	《清容居士集》	趙明誠本。前有李龍眠蜀紙畫右軍像，後明誠親跋。明誠之妻李易安夫人避難寓吾里之奉化，其書畫散落，往往故家多得之。後有「紹熙」小印，蓋史中令所用印圖畫者。今在燕山張氏家。

		王順伯本（棗木刻）。第一跋是王黼，順伯名厚之，號復齋，有《金石錄》。家藏石刻、鍾鼎、篆籀、鑒銘、泉譜，侔內府。其家兵後不廢，近歲丁未饑，越新昌，尤慘。遂悉散落。始歸於龍翔道士黃石翁，黃秘不示人，後有順伯為浙西提舉時攜入秘省，諸賢題名皆有，其最著者樓宣獻、劉文節。今亦歸張氏。
		趙子固本。舟過嘉興，遇風，舟沒，子固疾呼曰：「蘭亭在否？」舟人負以出。子固作跋識其事。復題八大字曰：「性命可輕，此寶難得。」子固死，入賈相家。賈敗，籍於官，有官印。歸濟南張參政斯立，今在集賢大學士李叔固家。
		潘經略時本。題識皆德鄰，手書滿軸。余以有米跋本，遂贈鄧善之文原。鄧籍田師孟，師孟有借書不還癖，因留之。余跋乃剪去矣。
		定武《蘭亭》薛師正正本，五字不損，「會」全存，少剝。
定武五字損本	《蘭亭考》卷十一	才損「湍、流、帶、右、天」五字。《蘭亭》舊本，薛帥別刻本易之。
	《清容居士集》卷四十六	龍圖閣學士劉公克莊本。細書滿紙，後有賈相跋，亦滿紙。栝蒼鄭陶孫為福建儒學副提舉，得之為翰林應奉，貧質於瓷器劉氏屢入子錢，卒以遘重，為劉氏所得，有叔信父印。
	《書畫跋跋》續卷二	此帖乃五字損肥本，餘生平所見非少，俱不能及。雖以摹揭之，多小有剝蝕，而風彩迥出諸本上。遍考古證，凡五處皆合。若「管弦之盛」上不損處有小龜形，與「是日也」第九界行頗肥，「痛」字改筆不模糊，「興感之由」「由」字下類申，「列敘」之「列」，其「刂」如勁鐵，則可不待訟而勝矣。
定武九字損本	《蘭亭考》卷十一	「亭、列、幽、盛、遊、古、不、群、殊」九字不全
定武瘦本	《蘭亭考》卷十一	「天」字小損，其字瘦勁
	《式古堂書畫彙考》卷五	薛師正帥定武，其子紹彭別刻，置公寢師正，數日乃悟曰：「頗瘦，此瘦本也。」
	《六藝之一錄》卷一百六十五	瘦本定武帖缺角處有柯九思印，蓋其所藏也。姜白石言「《蘭亭》石本以有鋒芒棱角為勝」，此本「群帶右流天」五字已缺，而鋒穎神采奕奕，搨法之最工者也。
定武肥本	《蘭亭考》卷十一	「天」字全，字肥，此疑是古本。
	《書畫跋跋》卷二上	王氏跋一：蘭亭肥本二。前一本雖少剝蝕而淳雅饒古趣，當是定武正嫡；後一本則時刻中之，小有意者留以備考。
	《蘭亭八十一刻》	「嚮之文」三字不改筆。李符清跋云：此本神氣渾厚，所謂定武肥本也。近日如此揭絕少。

定武本	《書畫跋跋》卷二上	又宋搨蘭亭帖，項子長曾示余一本，乃潘司空子允亮所摹，中剝落磨泐處頗多，而字畫飛動，神采射人，與平昔所見諸本迴異。……此本有元跋，且俱稱爲定武佳派。
	《蘭亭八十一刻》	字體古拙，略有泐蝕。吳飛翰跋云：此拓處處用縮筆，耐人尋味，是定武嫡派。
定武古搨	《蘭亭八十一刻》	與定武斜斷本、定武有界本、定武無界本，筆畫絕肖，同出一源，而以此本爲甲，斜斷本次之，有界無界又次之。
定武有界	《蘭亭八十一刻》	李符清跋云：《褉帖》以定武爲最善。余曾於京師得見趙子固落水本，神氣渾穆，冠絕今古。此本神韻極似落水本，當從唐搨摹出者，甚可珍也。
定武無界	《蘭亭八十一刻》	程瑤田跋云：與前一本無毫髮異，此本無分行界畫耳。瑤田記。
定武斜斷	《蘭亭八十一刻》	缺字甚多，「會於群賢茂林右無足清惠品類一世因暫然至之既嚮之死」諸字均泐。
定武中斷	《蘭亭八十一刻》	缺字甚多，「永於陰也群賢畢有流激陳迹猶不能不以之興懷況修短隨化終期於盡古不痛一死生爲作後之視今夫故列所述雖世殊一也後」諸字均泐。
定武闊行	《六藝之一錄》卷一百六十五	若合一契方闊，所謂《落水蘭亭》也，其本舊稱闊行，五字未損，神韻渾淪，世間第一。
	《蘭亭八十一刻》	第二十二行略闊半分，不若下本之甚。末一「文」字無改筆。
定武版本	《蘭亭八十一刻》	筆畫頗瘦，缺「在之又有流弦一室雖欣感開化終人豈由不知一作後」二十二字。「不」字旁無「僧」字。
定武花石本	《蘭亭八十一刻》	前十行泐蝕殊甚。「會」字全，「不」字旁無「僧」字，「因嚮之夫文」五字皆無改筆。定武之特徵，此皆無之。
悅生堂本亦稱王用和本	《黃學士集》	宋景定咸淳間，賈似道枋國。定武舊刻流落人間者鮮，不以資其清玩，嘗俾其客廖寺丞參校諸本異同，擇其字之尤精善者輯成一帖，令婺之良工王用和刻之，經年乃就，尋補用和勇爵，以酬其勞。其石後入京師，今在故執政吳公家。
	容庚《蘭亭八十一刻》	案：《宋史》稱賈似道於淳祐十年以端明殿學士移鎮兩淮，年始三十餘。寶慶二年，去淳祐十年凡二十四年，似道時方童齔，安得癖此？乃妄人僞作而未之考耳。
陶氏本	《蘭亭考》	陶憲定字安世，多藏秦漢以來古物，有定武本。
范氏本	《蘭亭考》	《修褉》帖用定武墨本重摹入石，紹興十六年八月戊申，方城範序辰識。
	《蘭亭八十一刻》	後跋云「右《蘭亭褉帖》，偶得定武本重模入石。紹興十六年八月戊申，方池范序辰識。」《蘭亭考》稱爲范氏本，後跋首句誤「修褉帖用定武墨本重摹入石」，「方池」誤「方城」。

邵武本	《蘭亭考》	後有「勳」字圓印，政和乙未暮秋望，重刻定武古本，陽羨郡勳記。
王氏藏本	《蘭亭考》	凡十帙，殆百本。以定武舊刻為首，北本副之，嘗從順伯子友任借觀，外有四軸，奇甚，見諸公。
續時發本	《蘭亭五記》	壬之五，原跋云「蘭亭書昔擅會稽、定武，為筆林主盟。僕嘗得善本，竊私評之，會稽帖清勁而深嚴，定武帖綽約而韻勝，抑當時摹勒□工，隨所得乃爾。今會稽石既灰於火，世所傳失真遠甚，而舊本復刓缺磨□僅可讀。□定武刻典屬爛然，惜又隔殊域，輒以所藏磐石與果山郡齋。它日有授密印而傳心法者，當以此刻別為一祖云。紹興甲戌六月初八日，莒山續摘跋。」游氏跋云：「右續時發刻之鄉間，今亦不存矣。余家偶有本，遂置諸此，以永其傳。」
趙侍郎本	《蘭亭五記》	己之二，游氏跋云：「右趙侍郎以其祖岐而獻王所藏本刻之石，今在會稽郡齋。」
宣城本	《蘭亭五記》	《蘭亭敘草》右軍平生得意書，後世書家必以為法。在唐如虞世南輩皆嘗摹傳。此來兵火之餘，所存無幾。今宣城太守寶文趙介然聞宗人明遠有舊藏者，因出而觀之，相與歎息謂真永興本也。遂命工再勒於石，使流行四方，庶幾翰墨之士復見字畫之妙。紹興五年三月庚寅，元勳不伐。游似題「右宣城本」四字。翁方綱跋謂「是本從定武五字未損本摹勒入石，原跋以為虞永興臨者，非也。」
東陽本	《竹雲題跋》卷一	宋理宗所藏百十七種，其一集十三刻，第一為舊梅華，十二為新梅華，今東陽何氏本石裂為三號三段石。世所稱梅華本者是也。但未知其新舊⋯⋯余謂此刻乃南宋定武覆本。決非原石。定武全具右軍筆妙，此則但有歐法。
	《金石文考略》卷三	何士英跋：靖康之亂，金兵悉取御府珍寶而北，此石非其所識，獨得留焉⋯⋯寺僧濬井掘出此石，缺其一角，字多剝落，然書法遒勁，較之世傳歐陽率更摹本逼真遠甚⋯⋯此石失於宋建炎己酉，至我明宣德庚戌，實三百有二年矣。
東陽郡齋《蘭亭》	《桐江續集》卷二十四	淳熙甲午東陽郡齋《蘭亭》大唐天子紿孤僧，轉瞬人間幾廢興。一幅永和故蠒紙，入昭陵又出昭陵。唐太宗以御史蕭翼取永禪師，《褉帖》已入昭陵，溫韜發之再出，人間《定武》、《梅花》本予舊有之，今不易得，此韓元吉（筆者注：韓元吉為南宋詞人。）摹本也。
	《蘭亭五記》	甲乙失，原跋云「右定武本摹之東陽郡齋，淳熙甲午歲九月丁亥，潁川韓元吉記。」
南宋重刻定武本	《竹雲題跋》卷一	此本乃淮安程有懷同年所藏，「會」字闕，「亭」字、「群」字不全，蓋亦南宋覆刻定武本，而純用禿筆，與定武又微有不同。

邯鄲本亦名元祐張操本	《蘭亭考》卷十一	余嘗見此本於表侄陸寓處，清勁可愛。自第一行至第十七行下皆損一字移注於其上，後跋云：「定武蘭亭眞本今已不知所在。操有家藏者，因官邯鄲乃摹於石，以廣其傳，大宋元祐四年，張操益仲」。
	《珊瑚網》卷十九	元祐四年，張操官邯鄲，摹家藏眞定武於石爲邯鄲本，若五字不損，更有棗木刻本。
修城本	容庚《蘭亭八十一刻》	首行「會」字缺，「不」字旁有「僧」字。《蘭亭考》以爲豫章傳刻。……宋理宗列甲集第一刻。
	《說略》卷十六	蘭亭一百十七刻凡十冊乃宋理宗內府藏，後入賈平章家，至元末於錢唐謝氏處見之，以修城本壓卷。
淡墨本	《頤庵集》	前八行橫裂，第一行「暮」字，二行「亭」字，三行「咸、集」字，四行「有」字，五行「流」字，六行「管」字，七行「幽」字，八行「暢」字、「仰」字正當裂處，又十七行十八行有細裂文，其原不知何處。
	《研北雜誌》卷下	定武《禊帖》、虞書《孔子廟堂碑》淡墨本者佳。
	《山谷集》卷二十九	古人作《蘭亭叙》、《孔子廟堂碑》皆作一淡墨本，蓋見古人用筆回腕餘勢，若深墨本但得筆中意耳。今人但見深墨本收書鋒芒，故以舊筆臨仿，不知前輩書初亦有鋒鍔，此不傳之妙也。
家藏石本	《西陂類稿》	一爲家藏石本，籤題癸之三，後無題字，又有蔡君謨諸人跋。
	《蘭亭八十一刻》	癸之三，泐蝕太甚，且有斜斷紋。游氏無跋。似定武本。
毛仲益藏《蘭亭叙》	《渭南文集》卷二十八	龍乘雲氣而上天，鳳凰翔於千仞。吾見舊定本《蘭亭》，其猶龍鳳邪？慶元丁巳十一月二十日，笠澤陸游務觀書。（筆者注：定本即爲定武本。宋樓鑰《攻媿集》卷四「書家千載稱蘭亭，蘭亭眞迹藏昭陵。只今定本誇第一，貞觀臨寫鑴瑤瓊。」）
武陵本	《蘭亭考》	在第九卷，帖中無「僧」字。
	《蘭亭八十一刻》	末行之下有「武陵」二字，「會」字缺，「不」字旁有「僧」字。字體甚似修城本。《蘭亭考》云「在第九卷，帖中無『僧』字」，誤。宋理宗列乙集第九刻，稱「鼎州」。
南嶽本	《蘭亭考》	一本後有「定武仍孫伯傑」六字篆印。
復州本	《頤庵集》	復州裂本首六行斜裂，第一行闕「會」字、又「永」字與二行「會」字、三行「畢」字、四行「修」字、五行「爲、流」二字、六行「弦」字正當裂處，十三行「因」字改筆作小仲字，十七行「嚮之」字差大，二十五行「視昔」下二字作圈，「夫」字上露初也。字末行文字稍重，乃景陵郡齋舊物湮沒民間。宋紹興丁丑郡守何文度搜訪得之。

	《蘭亭五記》	戊之一，游似跋云：「右蘭亭記乃景陵郡齋舊物，湮沒民間已久。郡守何文度搜訪得之。紹興丁丑歲十月十有三日跋。」
豫章本	《頤庵集》	豫章裂本首行闕「會」字，第二行「亭」字，第三行「群」字，第六行「列」字，第七行「幽」字，第九行「勝」字俱有闕白。又第九行「觀」字、第十行「以、遊」二字、十一行「樂、也、夫」三字，十二行「抱、悟、言」三字，十三行「形骸之外」四字，十四行「其欣」二字正當裂處，餘同復州本。
江州本	《頤庵集》	江州裂本，首行闕「會」字，第五行「湍」字，第六行「坐、其」二字，第七行「詠亦」二字，第八行「清、惠、風」三字，第九行「之、盛」二字正當裂處，餘同復州本。
鄱陽本	《頤庵集》	鄱陽汪相家裂本，首行闕「會」字，第二行「亭」字，三行「群」字，四行「流、激」二字，七行「幽」字，九行「盛」字，十二行「內」字，十七行「隨」字，十八行「猶」字，二十二行「若」字，二十三行「生」字皆有闕白。又其裂處正與豫章本同。
婺女本	《蘭亭考》卷十一	一本在倅廳，自第十三行至末橫裂而上，又自二十八行後自裂處五行。詢之耆老云：其石碎已百年。王自牧家有未經刓闕時本，庶幾定武典型也。
宋御府搨定武《蘭亭》卷	《式古堂書畫彙考》卷五	御府本，紹興初，宗室子晝在從列有旨，宣取其家所藏定武本而刻之，上親御翰墨爲之跋云：「宋丞相遊景仁墨迹」，行楷隔水紙本。
宋搨《蘭亭》卷宋折裱臨江王摹本亦王沇本	《式古堂書畫彙考》卷五	右慶元間臨江王沇過果山，愛鐫工得用筆意，以其所藏善本刻之，載石而歸，分遺先忠公此本。（宋丞相遊景仁墨迹，行楷隔水紙本）……此係宋寧宗慶元時臨江王重摹，即臨定武舊本。後有定武小印，其驗也。五字未損與今之監本相似，近代以來未易多得者，弟機頓首。
	《蘭亭五記》	甲乙失，「斯文」下有「定武」二字。游似跋云：「右慶元間，臨江王沇過果山，愛鐫工得用筆意，以其所藏善本刻之，載石而歸，分遺先忠公此本。」

在討論了定武《蘭亭》這一《蘭亭》刻本中的一大宗之後，表十二列出了唐宋間的「神龍」「定武」一系之外的《蘭亭》刻本。文獻徵引材料以《蘭亭考》卷十一傳刻卷、元陶宗儀《輟耕錄》中收錄的南宋理宗內府所藏的一百一十七刻，以及近代容庚《蘭亭五記》、《蘭亭八十一刻》中引用的南宋游丞相景仁收藏的《蘭亭》刻石爲主。〔註53〕

〔註53〕 游似，利路提點刑獄仲泓之子，字景仁，號克齋，南充人。嘉定十四年（1221）進士，累官吏部尚書，入侍經幄，深受寵眷。淳祐五年（1245）拜丞相，兼樞密使，自南充伯進爵國公，卒諡清獻。

表 4-12：唐宋其他《蘭亭》刻本

名　稱	著錄文獻	主要內容
盧氏本	《蘭亭考》卷十一	「斯文」下有「盧宗道」三字印，後題「唐硬黃本」。淳熙乙未中秋刻。
	《雲煙過眼錄》卷一	五字不損本《蘭亭》，原係堂後官盧宗邁家物。墨花滿面，後一行空處，後歸碑驛童道人，姜堯章自童處得之。
唐硬黃本	同上	薛紹彭勒唐搨本，第十四行「僧」字上有「察」字，且有鋒鋩。
咸通王承規本	《蘭亭八十一刻》	「嚮之夫文」四字無改筆。末有「咸通二年五月刊置翰林院待詔所王承規摹」正書兩行。
開元集賢院本	《蘭亭八十一刻》	「不」字旁有「僧」字，末有「開元三年七月（集賢院印）上石」一行正書，印文兩行篆書。
貞觀十年本	《蘭亭八十一刻》	「向、之、文」三字無改筆。末有「貞觀十年四月摹勒上石」篆書一行。
貞觀趙模本	《蘭亭八十一刻》	末有「貞觀十二年，太子右監門府鎧曹參軍臣模」行書一行。又「宣和」二字篆書。模者趙模也。
貞觀楊師道本	《蘭亭八十一刻》	前有「晉右將軍會稽內史，琅邪王羲之書」正書一行。後有「貞觀十四年三月二十三日，臣蔡撝裝，特進尚書右僕射上柱國申國公臣士廉，特進鄭國公臣徵，起居郎臣褚遂良恭校、駙馬都尉臣楊師道監刻」。
諸葛貞	《蘭亭八十一刻》	筆畫纖瘦，「因、向、之、痛、文」五字不改筆。斯文下有「臣諸葛貞」正書四小字。
淳化本	《攻媿集》	予嘗蓄一二《禊序》，近歲得畢少董所藏豢龍董氏《淳化中本》最勝。少董跋其後甚詳，自言董氏有三百本取其尤者三，此又其最佳者。後多名士題跋，而曰：君秀實大篇亦以此為三本中第一，故尤寶之。
寶月本	《廣川書跋》	寶月刻《蘭亭序》，東坡為譜於後。蓋子由得於中山舊石，故今所摹獨傳於蜀，中州人或未知也。
都下木本成都本	《黃山谷集》	《蘭亭禊飲詩敘》二本，前一本是都下人家用定武舊石刻摹入木板者，頗得筆意，按此即所謂棠梨板本。一本以門下蘇侍郎所藏唐人臨寫墨迹刻之成都者，中有數字極瘦勁不凡，東坡謂此本乃絕倫也。
處州劉涇本	《頤庵集》	處州劉涇本云是巨濟刻家藏絹本。首行「會」字全，末題模家本，留刻仙都。又題紹聖丁丑蜀人劉涇，字皆全，惟第三行「畢」字闕白。
	《蘭亭考》卷十一	「會」字全，有界行，後題模家本，留刻仙都，紹聖丁丑，蜀人劉涇。
不知處本	《頤庵集》	首行亦闕「會」字，其中多有細裂，而意度亦好。

石氏本	《頤庵集》	石氏肥本云是石熙明摹刻，石首亦闕「會」字，筆畫雖肥而意度亦有可取。
永嘉本	《頤庵集》	云是智永臨寫，宋紹興間太守程邁刻置郡齋，筆勢雖縱逸而未免失真。首行「會」字亦全，末有孫綽後序，是唐乾封三年僧懷仁集書，又有秦檜、吳傅朋題識具在。
	《蘭亭考》	一本字大行闊，并刻乾封二年，懷仁集右軍及序有秦吳三跋。
會稽本	《蘭亭考》卷十一	一本，辛道宗為樞密都承旨，出所藏唐人臨本《蘭亭》，云出內府。一刻蠟紙本，有「少長咸、欣、俯仰之間以為陳迹、猶不」十四字雙鈎不填，後題乾符元年三月。 一本，後有「僧權」署字，係題開皇十八年三月二十日。
豫章本	《蘭亭考》卷十一	一本前有「忠孝之家」方印，後題唐貞觀中石本，後六印作一行。錢形「忠孝之家」印，「黃扉珍玩」，又三印字不可辨，末同前方印；一本在法帖內，第十、十一、十二、十三行有橫裂文；一修城所得本，前有薛稷書，義寶過盈尺，參神明以長生。月以曜物，得麒麟兩行十八字，後高宗皇帝取石入德壽宮。
七閩本	《蘭亭考》	刻貞觀本與豫章同。前有「忠孝之家方印」，後亦同前六印，但第五印在後行下有「漢北平守世家印」，印後方題唐貞觀中石本。
上饒本	《蘭亭考》	一汪氏本刻同豫章，自第十至十四行橫裂後有「汪德輝忠衛社稷之家」一印
景陵本	《蘭亭考》	一本自第一行首至第七行末，裂文甚大，乃景陵郡齋舊物湮沒民間日久，郡守何文度得之，紹興丁丑歲十月十有二日跋。
九江本	《蘭亭考》	一本自第五行首至九行末有大裂文。
	《西陂類稿》卷二八	一為九江本，簽題辛之三。後題右九江本，紹定壬辰歸途所得，與辛集第三本殊不同。
	容庚《蘭亭五記》	壬之八，第五行「湍」字至第九行「盛」字斜斷一道，途十九、二十行縱斷一道，泐「況、修、短、隨、化、終期、於、盡、古」十字。第二十一行「攬」字至二十四行「視、今」二字斜斷一道。游氏跋云：「右九江本，紹定壬辰歸途所得，與辛集第三本殊不同。」
金陵清涼本	《格古要論》	《蘭亭帖》世有定武本為第一，金陵清涼本為第二，其定武本宋建炎南渡不知存亡。清涼本洪武初，因寺廢入官，其石留天界寺，住持僧金西白盜去，後事覺，其僧繫獄死，石亦不知存亡。
	《蘭亭考》卷十一	一本，熙寧丁巳六月二十七日，省局手裝。堯民志後跋云：《蘭亭》石刻世以定武為最，先公熙寧間得此本志而藏之，逮今七十有一年，懼歲久手澤湮漫，並刻於建鄴府治。

八桂本	《蘭亭考》	一本，用米寶晉本開，後有米氏印記。
丹邱本	《蘭亭考》	一前有薛稷篆十八行字者，見存彭漕家云得之淘河之夫。
常德本	《蘭亭考》	一本乾道間所刻，具三體，仍載坡谷諸跋在其後，有殺虎林一事尤佳。
周安惠家本	《蘭亭考》	此本見存秀邸，有曾伋彥思跋，曾得於越之侄衍及，大觀己丑歲也，紹興癸酉重加表飾，已四年。
陳氏本	《蘭亭考》	簡齋用池紙臨，中闕「痛」字。高宗所賜臨本亦然，似是御本寫也。
諸葛氏本	《蘭亭考》	字極大，恐是別本模。
中山王氏	《蘭亭考》	此本前瘦後肥，體畫溫潤有典型，後列六印亦佳。
吳氏本	《蘭亭考》	「斯文」下有「吳瑱書印」。
尤氏本	《蘭亭考》	遂初尚書用楊伯時本刻。
劉氏本	《蘭亭考》	字極大，無言所刻，「會」字全，餘皆不闕。
潘氏本	《蘭亭考》	在安吉縣，第二十及二十一兩行裂，失「無、期、於、昔、人、之、懷」七字。
織本	《蘭亭考》	《松窗雜錄》載：玄宗先天時，所有異物如雷公鎖，闢塵犀，簪暖金。合之類，凡十有三。西蜀織成《蘭亭敘》，是其一也。
殘石本	《蘭亭考》	此得之殘闕之餘，仍作二塊，前一塊有「悲夫雖殊事一也後之攬文」，下有小字云：「蘇氏太簡」。後一塊復裂為二，字已漫滅，但彷彿「先世名玩文」五字可辨。
章氏本	《蘭亭考》	申公家刻，中有橫斷文，有章氏印。
徐滋本	《蘭亭考》	在湖州，瘦勁而皴剝，自十七、十八行內有大裂文。
無名本	《蘭亭考》	此本無名氏，「會」字全。後有云：「《蘭亭》搨傳刻，諸家所收本極多，未有及此者，不知誰書。」
《蘭亭》殘石拓本	《曝書亭集》卷四十八	《蘭亭》殘石，不知勒自何方，後半多闕，蓋肥本也。《禊帖》肥瘦攸殊……今觀殘石，東坡書法絕與相類，殆原出於肥本者也。帖今藏爛溪潘氏，竹垞老人書。
集《聖教》字《蘭亭》	《竹雲題跋》卷一	此南宋集《聖教》本，西滇前輩目為褚摹，非也。刻法與西滇所藏第二本正同，然別是一石。西滇以為即是其所藏，亦非也。余以雍正丙午三月獲於京師，與所藏五宋本合裝以為《蘭亭》勝觀。
范太師本	《西陂類稿》	籤題癸之六，後無題字。……範本今失去，僅存跋。
	容庚《蘭亭五記》	癸之六，有蔡襄、王珪寬夫、宋敏求、蘇軾、司馬光、呂公著諸人跋，無游氏題字。原本失去，僅存跋。以上六本，余藏有江陰方可中重刻本，後有宋犖、汪由敦兩跋。

雙鈎蠟本	容庚《蘭亭五記》	「少長咸」三字及「欣俯仰之間以爲陳迹猶不」十一字雙鈎，「言一室」三字之旁有「句章令滿騫」五字雙鈎。後有乾符元年三月裴縮等題名及蔡襄跋。
不知名本	容庚《蘭亭五記》	戊之七，游氏題云：「右未知所出。」成親王云：「『清流帶右不』鑱損，八行界畫甚粗而長出橫格，然與八闊九修者不類。『興感之由』『由』字中畫透下竟作『申』字，此一奇也。」
甲秀堂本	《蘭亭考》	宋理宗內府藏《蘭亭》一百一十七刻，辛集廬山甲秀堂本
	容庚《蘭亭八十一刻》	馮敏昌跋云：「此甲秀堂蘭亭，未知何時所刻，展視古色飛動，撲人眉宇，其殆趙松雪所云：『宋末南渡時，士大夫好事家人各刻一石者』邪。帖末有右軍行像，眉宇疏古，右軍清眞可想見也。又其衣紋亦似帖中行筆，孰謂此帖氣韻並（疑「非」字之誤）已流入畫中哉？」
唐安本	《西陂類稿》卷二八	一爲唐安本，籤題壬之三，郭明復於淳熙間用貞觀舊本刻石，自有跋後題：「右唐安本，得之於王同年震舉澤之。」
錢氏本	《蘭亭考》	前後凡七印，有文僖公手書「唐貞觀中石本」六字，紹興癸酉夏六月，玄孫傑之刻。
勾氏本	《蘭亭五記》	戊之四，原題云：「撫州寶應寺本，勾氏得之，俗稱勾氏蘭亭。王順伯疑是顏魯公臨本。後人因考其始末，寶應寺實魯公所建。宋河間之州人黃尉大節云。」按此跋當即游氏跋所云小紙。游氏跋云；「右得之於□田令江陵項仲展，小紙乃其所書也。余舊聞之於臨川許倅之？叔仁與此合。」（筆者注：「□」爲殘破之字，下同。）
臨川本	《蘭亭考》	一掘出麻姑石本，「列坐盛是日」六七八三行裂損十九字；一本無「會」字及界行，後有「玉冊官楊仙芝模刻」八小字。
	《蘭亭五記》	甲乙失，游氏跋云「右臨川本，太守三山林寺丞寄惠□與丙□，第六本同，俱石泐爾。」
賜潘貴妃《蘭亭》原刻	《蘇齋題跋》卷下	此宋高宗賜潘貴妃本，王弇州以爲理宗者，誤也。今慈溪姜氏、湖州錢氏皆有此本重刻之石，此其祖本也。
蔡襄臨本刻本	《蘭亭八十一刻》	前有「蘭亭禊帖」，後有「嘉祐三年歲次戊戌三月上巳之辰莆陽蔡襄」正書各一行，「會」字全，「因、向、之、文」四字無改筆，無界行。宋理宗所藏庚集第一本稱「蔡君謨臨」

在列舉了唐宋之際《蘭亭》刻本之後，筆者對隋代的刻本進行補充。錢泳在《履園叢話》中說「隋開皇時，嘗以王右軍《蘭亭》模於石版，其墨本猶在人間。」從下表來看，隋代《蘭亭》刻本有一種大業石本和兩種開皇石

本。有關大業《蘭亭》的記載很少，我們很難從史料中找到對其的詳細描述，只能暫且存疑。開皇《蘭亭》倒是不乏記載。「開皇十三年」和「開皇十八年」兩種刻本是較早的《蘭亭》刻本，因其未見於宋以前的書法文獻著錄，加之字迹臃腫，後人常常疑是偽造。據孫承澤《閒者軒帖考》云：「隋本《蘭亭敘》刻於開皇，眞本在智永處，手模上石，爲《褉帖》石刻之祖。」如此說來，開皇本以智永的墨本爲底稿（隋代有智永《蘭亭》臨本，詳見前文表三）。又下表中《式古堂書畫考》中的記載，婺州所刻「梅花本」不過是宋刻的一種，後人爲了要高擡此拓的身價，在「此當爲」字旁添「開皇」二字，於是此本就變爲隋刻「古拓」了。事實上，明眼人一望便知此旁所注二字的書法風格與遊跋全異，無怪乎《墨緣彙觀》中也記錄說「小字旁注，不無疑義。」

表 4-13：隋代《蘭亭》刻本

名　稱	著錄文獻	主要內容
開皇十三年本	《二百蘭亭齋金石記》	吳雲跋：「開皇本兩種爲世所希有，其十三年本得於吳門毛氏。」
	《金石文考略》卷三	開皇十三年歲次壬子十月模勒上石，高熲監刻。
開皇十八年本	《二百蘭亭齋金石記》	吳雲跋：吳下覆刻開皇十八年本：□作祟，欣作□，僧字押左，「亻」旁幾無，帖內無界絲。……十八年本得於吳江楊龍石（灊），龍石得於秀水王氏，王氏得於同邑李氏。李名光暎，號子中，康熙時人，著有《觀妙齋金石文考略》，內載所藏開皇十八年本，即此帖也。
	《金石文考略》卷三	開皇十八年三月二十日，無某人監刻。
	《八十一刻蘭亭記》	容庚云：所見凡四本，均小異。一爲董其昌跋本；二爲文明書局影印肥本；三爲此瘦本；四爲大觀二年蔡京等模置太清樓本（筆者注：第四種即爲開皇十三年本）。
開皇《蘭亭》	《式古堂書畫彙考》卷五	據此三本斷缺處與婺之梅花《蘭亭》同，其異者婺本上下有界畫，而此則無爾。此當爲開皇原本而彼再刻也。然此本精彩晦昧，視鄧趙本大有逕庭云（宋丞相游景仁墨迹）。又浙西曹溶題：近忽見此開皇搨本，一時驚詫，亦物貴所罕耳，其實較率更所摹最能遠過也，此乃淳古堅厚，莊莊不露芒角，景仁定爲開皇原本，足稱神妙。
	《二百蘭亭齋金石記》	清沈兆霖跋：開皇本《蘭亭敘》但於各家著錄中見之，從未寓目。茲二百蘭亭齋主人出以見示，其字形較各本差大，較定武尤肥，此外皆與定武合允矣。其爲祖石也。

	《竹雲題跋》卷一	此海寧陳氏所藏，字類定武而少肥大，中間合縫處「僧」字上有「駜異」兩字，乃滿騫朱異合縫矣，定武所無，蓋開皇本也。
大業本	《雲煙過眼錄》	煬帝時有大業石本《禊帖》流傳，隋代已有二本，以釋考古者之疑。又龔聖予云：《禊序》有大業間石本，其後有隋諸臣衛位，然則在智永未藏之前，此帖亦當入御府。
元祐三年本	《蘭亭八十一刻》	「向、之、文」三字無改筆，末有「大宋元祐（筆者著：引文中即是此「祐」）三年四月摹勒上石」正書一行，下有押字不可識。程瑤田朱書跋云：此本運腕之法，與高穎監刻之開皇本同一關戾，惟押縫僧字上無「駜異」二字耳。

4.2 《蘭亭》學的初興

4.2.1 《蘭亭考》

　　《蘭亭考》成書於南宋，是最早的較爲完善的研究《蘭亭序》的專著。作者桑世昌，字澤卿，號莫庵，淮海人，居天台，陸放翁之甥，博雅能詩，著有《西湖紀逸考》、《蘭亭博議》、《迴文類聚》、《莫庵詩集》等。

　　據宋人陳振孫《直齋書錄解題》記載：「《蘭亭考》十二卷即《蘭亭博議》，浙東庾司所刻，視初本頗有刪改。初十五篇，今存十三篇，去其《集字》篇——後人集《蘭亭》字作書帖詩銘之類者；又《附見》篇——兼及右軍他書迹，於《樂毅論》尤詳。其書始成本名《博議》，高內翰文虎炳如爲之序。及其刊也，其子似孫主爲刪改，去此二篇，固當。」兩書淵源關係非常明顯，然而「今未見《博議》原本，無由驗振孫所論之是非。」（《四庫全書總目提要》）《蘭亭考》有宋刊本、知不足齋叢書本、四庫全書本、奧雅堂叢書本、叢書集成初編本等。此書分爲蘭亭、睿賞、紀原、永字八法、臨摹、審定、推評、法習、詠贊、傳刻、釋禊、群公帖跋等十二卷。正文之前有高文虎和高似孫序言。第一卷《蘭亭》：收錄《蘭亭序》全文及文人士大夫「蘭亭雅集」所賦詩篇。卷二《睿賞》：收錄宋太宗、仁宗、高宗、孝宗、憲聖慈烈皇后等賦詩、題跋及大臣呂頤浩謝賜御書表。卷三《紀原》：收錄《蘭亭記》、《劉餗傳記》、《韋述集賢記》、《法書要錄》、《周越法書苑》、《南郡新書》、《東坡集》、《山谷集》、《圖畫見聞錄》等書對《蘭亭》眞本原委及流傳的描述。卷四《永字八法》：未有《蘭亭》之前，八法已具。「永」字爲《蘭亭》開篇之字，其工拙好壞引人注目。所謂「一字乃終篇之始」，「永」字中包含了所有

的筆法元素，對它的分析是對《蘭亭》全篇用筆分析的統領。此卷對「永」字中側、勒、努、趯、策、掠、啄、磔八法詳細解說，對運筆的方向力度、輕重緩急以形象生動的闡釋。卷五《臨摹》：介紹唐宋年間著名的《蘭亭》臨本、摹本的著錄和刊刻等情況。卷六、卷七為《審定》：收錄唐宋間各家對《蘭亭》的不同版本的審定和評價，尤其對定武石刻的輾轉收藏、流傳經過做出詳細記載。卷八《推評》：介紹各家對《蘭亭》的考證和評論情況。卷九《法習》：收錄《蘭亭》的傳習狀況。由於《蘭亭》的特殊性，隋唐之前未見稱述，故此卷所收錄亦為唐宋書家習《蘭亭》的例證，其中有褚遂良、蘇東坡諸書家。卷十《詠贊》：收錄諸家吟詠傳贊《蘭亭》的詩文篇章。卷十一《傳刻》：綜述《蘭亭》的版本狀況。卷十二《釋禊》：引用《風俗考》、《荊楚歲時記》、《漢書》等文獻對「禊」進行解釋。最後《群公帖跋》收錄樓鑰、葉適、林至、楊長孺、汪逵、王疇若等諸公題跋，把對於《蘭亭》的感情表達得淋漓盡致。

　　從版本學的角度而論，今人張富祥在其論著《宋代文獻學研究》中指出：《蘭亭考》「完全可以看作是版本學專著的雛形」〔註 54〕。該書以《蘭亭考》第十一章為論述的中心，對《蘭亭》版本問題進行深入分析。張文認為《蘭亭考》對於《蘭亭》版本的著錄是從兩個方面著手的。其一，記刊板及收藏事項：其中包括記刊板人、時間、地點、經過，記錄題跋、收藏情況、版本流傳情況；其二，記版本區別：包括記闕字、增字、版式、字體、字樣、刻板材料及紙型等。總之，就全書論之，《蘭亭考》似亦不妨視為略具雛形的版本學著作。然而，它畢竟是以書學為討論核心的著作，其在書學史上的地位更值得首肯。古代書論多以意象式的感言為主，注重抒發感悟，以某部法帖的專書研究的《蘭亭考》尚開先例。同時，《蘭亭序》的研究在魏晉書論中不見稱述，到唐以後，雖有《蘭亭記》的問世，但它是唐人傳奇小說，頗具神話色彩而缺乏歷史史實依據。同時，它僅涉及《蘭亭》的本事及流傳、授受情況，特別於唐太宗命蕭翼賺取《蘭亭》的經過不厭其詳，而對於更廣闊的書學視野均未涉及。又唐人其他書論中對於《蘭亭》僅是偶爾言之，多是隻鱗片語，沒有詳細論述。時至宋代，雖有宋高宗在《翰墨志》中對《蘭亭》的極高評價，但仍是個人感想式的抒懷，尚不具有學術史的價值。姜夔《白石禊帖偏傍考》，全文共十五條，雖名為考，實無所考證，如「永」字無畫，

〔註 54〕 張富祥：《宋代文獻學研究》，上海：上海古籍出版社，第 639 頁。

發筆處微折轉。「年」字懸筆上湊頂。此書雖短小，但在書學史上有較大的影響，翁方綱《蘇米齋蘭亭考》對其進行仔細的考辨。然而，它涉及面窄，仍不屬於《蘭亭》一帖的專書研究。如此，《蘭亭考》的問世讓人有耳目一新的感覺。該書圍繞《蘭亭》展開，內容豐富，龐徵博引，一如高似孫跋云：「桑君盡交名公巨卿以及海內之士以充其見聞者固不一」。本書在宋代已頗受推崇，葉適在《水心集》亦有《蘭亭博議》跋曰：「字書自《蘭亭》出，上下數千載，無復倫擬，而定武石刻遂為今世大議論。桑君此書，信足以垂名矣。」《四庫全書總目提要》中著錄：「不若姜夔《禊帖偏傍考》之為精密。是以曾宏父、陶宗儀諸家皆稱姜考，而不用是書。然其徵引諸家，頗為賅備，於宋人題識，援據尤詳」，又《台州經籍志》云：「此書淹貫精覈，辨析昭然，為翰墨家一寶書。」是研究《蘭亭》及中國書法史的重要資料。然而它亦有不足之處，其體系龐雜，枝蔓過繁，陳振孫謂：「其中所錄諸家跋語，有昭然偽妄而不能辨者」，「此書累十餘卷，不過為晉人一遺帖，自是作無益，玩喪志，本無足云。」此言差矣。陳氏因桑氏用心求博而選材不精而過分貶低《蘭亭考》的學術價值，有失公允。

是書前載嘉定元年（1208）高文虎撰序，十七年（1224）高似孫撰序，後有齊碩撰序。宋刊本字體取歐法，鋟印為良工，可謂鄭重也。有宋刊本、《知不足齋叢書》本、《四庫全書》本、《粵雅堂叢書》本、《叢書集成初編》本。

4.2.2 《蘭亭續考》

《蘭亭續考》，南宋淳祐四年，俞松撰。是書繼桑世昌《蘭亭考》而作，因名曰續。然只甄錄兩宋人《蘭亭》諸跋以成書，體例與前書迥異。上卷錄俞松自藏及他人所藏《蘭亭》版本，多為名人題跋本，亦逐本具錄各家跋語，間或加按；下卷則全錄俞氏自藏而經李心傳題跋者。所錄版本多至三十餘家，皆不見於《蘭亭考》；而李心傳跋語多及史事，亦有可補失傳之闕者。朱彝尊對此書作者的跋語頗為讚賞，見《曝書亭集》。是書有《叢書集成初編》本、《知不足齋叢書》本和《四庫全書》本。

結　語

　　《蘭亭序》是中國書法史上非常著名的藝術文本，是古典書論和現、當代書學研究中頗受關注的藝術個案。面對汗牛充棟的《蘭亭》論述，必須選取新的視角才會不落窠臼。同時，有關《蘭亭》真偽的討論是近百年來書學研究中極爲敏感的問題，在新的史料尚未出現之前，如何給《蘭亭》以恰切的定位，無疑是《蘭亭》研究中的難題。興起於上個世紀六十年代的接受美學自產生之後就爲文學藝術研究打開新的視閾，這種改變以往慣常的以「作家、作品和世界」爲核心的研究思路，把「讀者」作爲討論的核心，無疑是一種令人耳目一新的研究視角。筆者把這一方法引入對《蘭亭》的研究之中，一方面可以在眾多的《蘭亭》研究中開闢一種新的思考方式；另一方面又可以巧妙地迴避《蘭亭》真偽的辯駁，因爲，不管《蘭亭》真偽究竟怎樣，其接受事實已然存在，毋庸置疑。

　　本文對唐宋《蘭亭》接受問題的探討，以接受時間爲經，接受個案爲緯，把「《蘭亭》」放置於中國書法發展史、書法理論史和唐宋制度史、文學史、社會史等大文化語境之中，從不同角度分析不同接受者的不同的「接受過程」，力爭「內在理路」和「外緣式」探討相互結合，把書法本體研究和縱向歷史的周邊研究有機統一。

　　如何擺脫古典書論中常見的意象式品評，運用合適的表述方式從形態學的角度把抽象的線條藝術闡述清楚，一直是長期縈繞筆者心頭的難題，本文對此做出粗淺嘗試。從形態風格學的角度在對《蘭亭》以及《蘭亭》和王書手箚進行細緻比較之後，不難看出，《蘭亭》的確是中國書法史上極爲特殊的存在。《蘭亭》是唯一一個既逃離隸書筆意，又能保持楷書筆法且「轉」多於「使」的特殊墨迹，正是這種特殊性，使其有意無意而成爲了劃時代的象徵。

換言之，它不期劃分了「拙美」和「流美」兩大審美視野。同時，《蘭亭》在用筆方法和筆意連貫等方面與大王手箚中的「絞轉」用筆和「縱引筆勢」具有極大不同，這又使其招致被摹寫者「唐人化」的嫌疑。因爲史料缺乏，在無法判定《蘭亭》眞迹面目究竟如何情況下，我們的研究只能在現有所呈現的兩種看似矛盾的事實之上展開。對此，筆者或採用書法形態學的方法解讀，深入到各種書法構成元素來考察與《蘭亭》的傳承關係；或以古代書論對書家的品評爲切入點而與《蘭亭》接受結合；或把《蘭亭》接受放置於制度史、文化史的背景中進行宏觀把握。同時，考察《蘭亭》在流傳過程中的版本問題，無疑是研究《蘭亭》接受的一個重要內容。「《蘭亭》一帖，化身千萬」，筆者翻閱大量文獻典籍和書法圖錄，盡力把管見所及的唐宋之際《蘭亭》版本進行分類列表，並輔以必要說明。《蘭亭記》是文獻著錄中最早的關於《蘭亭》的詳細記載，其雖爲唐人小說，但對於學者考證和《蘭亭》相關的一系列問題提供了一定的線索。有鑒於此，筆者對《蘭亭記》進行文字箋注，以期對深入研究《蘭亭》提供一定的幫助。

一個藝術品完整的接受史應該是一個開放的系統，從其作品誕生之日起就已開始。在綿延不斷的歷史長河中，藝術品的接受是一個不斷被生成的過程，對於《蘭亭》這樣一個書法史上最爲著名的作品尤其如此。《蘭亭》接受問題涉及面極廣，對材料的收集、整理及爬梳工作要求很高，因本人學養所限，論文時間所圍，一些問題還存疑待考，尚需透徹解析，疏漏錯訛之處，敬請方家指正。作爲全面的接受問題而論，除了帝王、官僚、文人一系對《蘭亭》的接受之外，因時間所限，尚有很廣闊的民間接受群體未能分析，在日後的研究中定當完善。關於唐宋時期《蘭亭》版本的考證問題，因目力所及資料有限，很多地方尚存疑待考，有待今後不斷補充完善。關於晚唐書法史對於《蘭亭》接受情況，因時間和資料有限，未能論述。同時對於南宋的《蘭亭》接受分析也有不盡透徹，需要進一步完善。

關於《蘭亭》接受問題，唐宋之際僅僅露出「冰山一角」，自元代以後直到當代，有更爲豐富的接受現象亟待研究。對元以後《蘭亭》接受問題的深入研究，不僅對於我們理解《蘭亭》本身起到積極的作用，也利於我們以經典個案切入，對整個時代的書法審美風尚、書學理論取向有更爲深入的理解。同時應該關注當代的《蘭亭》研究，這對於我們理解當代的書學走向有著非常重要的作用。在這一層面上，書法已不囿於藝術的層面，它更是一種文化的代言。

參考文獻

1. 盧輔聖主編，《中國書畫全書》，上海：上海書畫出版社，1993 年。

2. 華東師範大學古籍整理研究室選編，《歷代書法論文選》，上海：上海書畫出版社，1979 年。

3. 崔爾平選編，《歷代書法論文選續編》，上海：上海書畫出版社，1993 年。

4. 崔爾平選編，《明清書法論文選》，上海：上海書店，1994 年。

5. 華人德主編，《歷代筆記書論彙編》，南京：江蘇教育出版社，1996 年。

6. 〔清〕倪濤，《六藝之一錄》，上海：上海古籍出版社，1983 年。

7. 〔清〕孫岳頒，《佩文齋書畫譜》，北京：中國書店，1984 年。

8. 〔清〕裴景福，《壯陶閣書畫錄》，北京：學苑出版社，2006 年。

9. 〔宋〕陳振孫，《直齋書錄解題》，上海：上海古籍出版社，1987 年。

10. 黃賓虹、鄧實輯，《美術叢書》，江蘇古籍出版社，1986 年。

11. 余紹宋，《書畫書錄解題》，浙江人民出版社，1982 年。

12. 馬宗霍，《書林藻鑒》，北京：文物出版社，1984 年。

13. 徐邦達，《古書畫偽訛考辨》，南京：江蘇古籍出版社，1984 年。

14. 啓功，《啓功叢稿》，北京：中華書局，2004 年。

15. 朱傑勤，《王羲之評傳》，商務印書館，1948 年。

16. 沈子善，《王羲之研究》，正中書局，1948 年。

17. 鄭曉華，《古典書學淺探》，北京：社會科學文獻出版社，1999 年。

18. 鄭曉華，《翰逸神飛》，北京：中國人民大學出版社，2000 年。

19. 華人德、白謙慎編，《蘭亭論集》，蘇州：蘇州大學出版社，2000 年。

20. 文物出版社編，《蘭亭論辨》，北京：文物出版社，1977 年。

21. 劉濤，《中國書法全集·王羲之王獻之卷》，北京：榮寶齋出版社，1991 年。

22. 朱關田，《中國書法全集‧顏眞卿》，北京：榮寶齋出版社，1993 年。

23. 劉正成，《中國書法全集‧蘇軾卷》，北京：榮寶齋出版社，1991 年。

24. 曹寶麟，《中國書法全集‧米芾卷》，北京：榮寶齋出版社，1991 年。

25. 水賚祐，《中國書法全集‧黃庭堅卷》，北京：榮寶齋出版社，2001 年。

26. 黃惇，《中國書法全集‧趙孟頫卷》，北京：榮寶齋出版社，2001 年。

27. 華人德，《中國書法史‧兩漢卷》，南京：江蘇教育出版社，1999 年。

28. 劉濤，《中國書法史‧魏晉南北朝卷》，南京：江蘇教育出版社，2002 年。

29. 朱關田，《中國書法史‧隋唐五代卷》，南京：江蘇教育出版社，1999 年。

30. 曹寶麟，《中國書法史‧兩宋卷》，南京：江蘇教育出版社，1999 年。

31. 邱振中，《書法的形態與闡釋》，北京：中國人民大學出版社，2005 年。

32. 微末，《書法原境論》，北京：國際華文出版社，2002 年。

33. 王南溟，《顚張醉素》，上海：上海書畫出版社，2004 年。

34. 朱關田，《唐代書法考評》，杭州：浙江人民美術出版社，1992 年。

35. 姜澄清，《中國書法思想史》，鄭州：河南美術出版社，1994 年。

36. 徐利明，《中國書法風格史》，鄭州：河南美術出版社，1994 年。

37. 陳振濂主編，《書法學》，南京：江蘇教育出版社，1992 年。

38. 朱仁夫，《中國古代書法史》，北京：北京大學出版社，1992 年。

39. 沃興華，《中國書法史》，上海：上海古籍出版社，2001 年。

40. 沈語冰，《歷代名帖風格賞評》，杭州：中國美術院學出版社，1999 年。

41. 陳振濂，《書法史學教程》，杭州：中國美術學院出版社，1997 年。

42. 熊秉明，《中國書法理論體系》，天津：天津教育出版社，2002 年。

43. 葉秀山，《書法美學引論》，北京：寶文堂書店，1987 年。

44. 王元軍，《唐人書法與文化》，臺灣：臺北東大圖書公司，1995 年。

45. 王世徵，《中國書法理論體系綱要》，北京：首都師範大學出版社，2003 年。

46. 金開誠、王岳川主編，《中國書法文化大觀》，北京：北京大學出版社，1998 年。

47. 姜壽田，《中國書法理論史》，鄭州：河南美術出版社，2004 年。

48. 楚默，《書法解釋學》，上海：百家出版社，2002 年。

49. 王強、劉樹勇，《中國書畫導論》，社會科學文獻出版社，1992 年。

50. 陳滯冬，《中國書畫與文人意識》，吉林教育出版社，1992 年。

51. 黃君編，《黃庭堅研究論文選》，南昌：江西教育出版社，2005 年。

52. 宗白華，《藝境》，上海：上海人民出版社，1987 年。

53. 余英時，《士與中國文化》，上海：上海人民出版社，1987 年。

54. 余英時，《論戴震與章學誠》，北京：三聯書店，2002 年。

55. 徐復觀，《中國藝術精神》，瀋陽：春風文藝出版社，1986 年。

56. 魯迅，《而已集》，北京：人民文學出版社，1973 年。

57. 陳寅恪，《陳寅恪史學論文選集》，上海：上海古籍出版社，1992 年。

58. 陳寅恪，《隋唐制度淵源略論稿》，北京：中華書局，1963 年。

59. 朱良志，《扁舟一葉——理學與中國畫學研究》，合肥：安徽教育出版社，1999 年。

60. 朱良志，《中國藝術的生命精神》，合肥：安徽教育出版社，1999 年。

61. 葛兆光，《中國思想史》，復旦大學出版社，2000 年。

62. 唐長孺，《魏晉南北朝隋唐史三論》，武昌：武漢大學出版社，1993 年。

63. 田餘慶，《東晉門閥政治》，北京：北京大學出版社，1991 年。

64. 吳宗國，《中國古代官僚政治制度研究》，北京：北京大學出版社，2004 年。

65. 葛曉音，《漢唐文學的嬗變》，北京：北京大學出版社，1990 年。

66. 王瑤，《中古文學史論》，北京：北京大學出版社，1998 年。

67. 錢志熙，《魏晉詩歌藝術原論》，北京：北京大學出版社，1991 年。

68. 李澤厚，《美的歷程》，合肥：安徽文藝出版社，1999 年。

69. 袁濟喜，《六朝美學》，北京：北京大學出版社，1989 年。

70. 李建中，《魏晉文學與魏晉人格》，武漢，湖北教育出版社，1998 年。

71. 袁行霈，《中國文學史》，上海：復旦大學出版社，1999 年。

72. 劉澤華，《中國的王權主義》，上海：上海人民出版社，2000 年。

73. 曾棗莊，《宋代文學與宋代文化》，上海：上海人民出版社，2006 年。

74. 劉士林，《中國詩性文化》，南京：江蘇人民出版社，1999 年。

75. 杜維明，《道·學·政——論中國儒家知識份子》，上海：上海人民出版社，2000 年。

76. 金元浦，《接受反應文論》，山東：山東教育出版社，1998 年。

77. 陳文忠，《中國古典詩歌接受史研究》，安徽大學出版社，1998 年。

78. 張廷深，《接受理論》，四川文藝出版社，1989 年。

79. 丁寧，《接受之維》，百花文藝出版社，1990 年。

80. 林興宅，《藝術魅力的探尋》，四川人民出版社，1985 年。

81. 〔日〕杉村邦彥，《書苑彷徨》，株式會社二玄社，1981 年。

82. 〔日〕中田勇次郎,《中國書法理論史》,天津：天津古籍出版社,1987年。

83. 〔日〕河內利治,《漢字書法審美範疇考釋》,承春先譯,上海：上海社會科學出版社,2006年。

84. 〔美〕賈志揚,《天潢貴胄——宋代宗室史》,趙冬梅譯,南京：江蘇人民出版社,2005年。

85. 〔美〕宇文所安,《初唐詩》,賈晉華譯,北京：三聯出版社,2004年。

86. 〔美〕包弼德,《斯文》,劉寧譯,南京：江蘇人民出版社,2001年。

87. 〔德〕伽達默爾,《眞理與方法》,洪漢鼎譯,上海：上海譯文出版社,1999年。

88. 〔德〕伊瑟爾,《閱讀活動——審美反應理論》,金元浦、周寧譯,北京：中國社會科學出版社,1991年。

89. 〔英〕貢布里希、范景中選編,《藝術與人文科學》,杭州：浙江攝影出版社,1989年。

90. 〔英〕貢布里希,《藝術發展史》,范景中譯,天津：天津人民美術出版社,1988年。

91. 〔德〕姚斯,〔美〕霍拉勃,《接受美學與接受理論》,周寧、金元浦譯,瀋陽：遼寧人民出版社,1987年。

92. 〔美〕阿諾德·豪塞爾,《藝術史的哲學》,陳超南、劉天華譯,中國社會科學出版社,1992年。

93. 〔美〕蘇珊·朗格,《藝術問題》,滕守堯譯,南京：南京出版社,2006年。

94. 〔美〕蘇珊·朗格,《情感與形式》,劉大基譯,中國社會科學出版社,1986年。

95. 〔美〕魯·阿恩海姆,《藝術與視知覺》,滕守堯、朱疆源譯,中國社會科學出版社,1984年。

96. 〔德〕瓦爾特·本雅明,《機械複製時代的藝術作品》,王才勇譯,北京：中國城市出版社,2002年。

97. 《The upright brush Yan Zhenqing's calligraphy and Song literati politics》 McNair, Amy University of Hawai'i Press 1998.

98. Ledderose, Lothar Mi Fu and the classical tradition of Chinese calligraphy Princeton Univ. Pr 1979.

99. Peter Charles Mi Fu: style and the art of calligraphy in northern Song China Sturman.&n Yale University Press, 1997.

100. 期刊：《中國書法》、《書法》、《書法叢刊》、《書法研究》、《文物》、《故宮博物院院刊》、《故宮學術季刊》（臺灣）、《書譜》（香港）。

附錄：《蘭亭記》箋注

校者案：《蘭亭記》是編評述《蘭亭》眞迹授受源流，即《蘭亭》修禊之事，《蘭亭》之產生，此敘自王氏家傳至隋釋智永之經過，蕭翼騙奪釋辯才《蘭亭》眞迹之事，以及太宗寶愛《蘭亭》等，殊具傳奇色彩，惟未必可信。明李日華云：「傳奇幻語，烏足深信也。」近人余紹宋《書畫書錄解題》曰：「此篇記《蘭亭》眞迹授受源流及太宗計賺、殉葬始末，甚悉佳語，亦惡劇也。李竹嫩以爲傳奇語，不可信，附錄以備一說。」刊有《法書要錄》本、《墨池編》本、《書苑菁華》本。

《蘭亭記》校勘以毛晉刊《津逮秘書》本爲底本，用《王氏法書苑》本對校，並以宋代朱長文《墨池編》和陳思《書苑菁華》二書作參校。標點從范祥雍《法書要錄》點校本，人民美術出版社，1984 年版。

《蘭亭》者，晉右將軍會稽內史琅琊王羲之字逸少所書之詩序也。右軍蟬聯美冑，(1)蕭散名賢，雅好山水，尤善草隸。(2)以晉穆帝永和九年暮春三月三日，宦遊山陰，(3)與太原孫統承公、孫綽興公、廣漢王彬之道生、陳郡謝安安石、高平郗曇重熙、太原王蘊叔仁、釋支遁道林，並逸少子凝、徽、操之等四十有一人，(4)修祓禊之禮，(5)揮毫製序，興樂而書，用蠶繭紙、鼠須筆，遒媚勁健，(6)絕代更無。凡二十八行，三百二十四字，有重者皆構（拘？範本）別體。就中「之」字最多，乃有二十許個，變轉悉異，遂無同者，其時乃有神助。(7)及醒後，他日更書數十百本，無如祓禊所書之者。右軍亦自珍愛寶重此書，(8)留付子孫傳掌。(9)

1. 蟬聯：亦作「蟬連」。綿延不斷，連續相承。《史記・陳杞世家》唐司馬貞述贊：「蟬聯血食，豈其苗裔？」

2. 草隸：草書和隸書的合稱。《文選》潘岳《楊荊州誄》：「草隸兼善，尺牘必珍。」李周翰注：「言草隸之書皆善也。」《南史・劉孝綽傳》：「兼善草隸，自以書似父，乃變為別體。」亦專指草隸書。初期草書乃為隸書的草寫體，故名。《陳書・始興王伯茂傳》：「伯茂大工草隸，甚得右軍之法。」

3. 宦遊：舊謂外出求官或做官。《史記・司馬相如列傳》：「[相如]素與臨邛令王吉相善，吉曰：『長卿久宦遊不遂，而來過我。』」北魏酈道元《水經注・易水》：「訪諸耆舊，咸言昭王禮賓，廣延方士。至如郭隗、樂毅之徒，鄒衍、劇辛之儔，宦遊歷說之民，自遠而屆者多矣。

4. 四十有一人：另外有四十二人之說。

5. 袚禊：古祭名。源於古代「除惡之祭」。或濯於水溪，或秉大求福。三國魏以前，多在三月上巳，魏以後在三月三日。然亦有延至秋季者。漢《魯都賦》：「及其素秋二七，天漢指隅，民胥被禊，圍於水嬉。」

6. 遒：勁健；強勁。曹丕《與吳質書》：「公幹有逸氣，但未遒耳。」南朝劉義慶《世說新語》：「殷中軍與人書，道謝萬『文理轉遒，成殊不易』。」遒媚：蒼勁而嫵媚。陶弘景《與梁武帝啟》：「非但字字注目，乃畫畫抽心，日覺遒媚，轉不可說。」

7. 神助：神明暗中相助。《詩・大雅・生民》：「誕后稷之穡，有相之道」。漢鄭玄箋：「謂若神助之力也。」孔穎達疏：「后稷教民稼穡，若有神明相助之道，言種之必好，似有神助。」

8. 寶重：珍惜重視。《元史・歐陽玄傳》：「片言隻字，流傳人間，咸知寶重。」

9. 傳掌：繼承掌管。《魏書・儒林傳・陳奇》：「奇所注《論語》，矯之傳掌，未能行於世。」

至七代孫智永——永即右軍第五子徽之之後，安西成王咨議彥祖之孫，廬陵王胄昱之子，陳郡謝少卿之外孫也——與兄孝賓俱捨家入道，俗號永禪師。(1)禪師克嗣良裘，(2)精勤此藝。常居永欣寺閣上臨書，所退筆頭置之於大竹簏，簏受一石餘，而五簏皆滿。(3)凡三十年，於閣上臨得真草《千文》

好者八百餘本，浙東諸寺各施一本，今有存者，猶值錢數萬。孝賓改名惠欣。兄弟初落髮時，住會稽嘉祥寺，寺即右軍之舊宅也。後以每年拜墓便近，因移此寺，自右軍之墳及右軍叔薈已下塋域，(4)並置山陰縣西南三十一里蘭渚山下。梁武帝以欣、永二人，皆能崇於釋教，故號所住之寺為永欣焉。事見《會稽志》。其臨書之閣，至今尚在。禪師年近百歲乃終，其遺書並付弟子辯才。辯才俗姓袁氏，梁司空昂之玄孫。(5)辯才博學工文，琴碁書畫皆得其妙。(6)每臨禪師之書，逼真亂本。辯才嘗於所寢方丈梁{[校]《墨池編》及《太平廣記》二〇八引作「寢房伏梁」四字}上，鑿其暗檻，以貯《蘭亭》，保惜貴重，甚於禪師在日。

1. 智永：陳永興寺僧智永，會稽人。王羲之七世孫。師遠祖逸少，登樓學書四十年不下樓。學眞、草唯命。草書微尚有道之風，半得右軍之肉。兼能諸體，於草最優，氣調下於歐、虞，精熟過於羊、薄。
2. 克嗣良裘：同「克紹基裘」語本《禮記・學記》：「良冶之子，必學為裘，良弓之子，必學為箕。」後因以「克少箕裘」謂能繼承祖業。
3. 籭：竹編的盛器。亦可作量詞。受：盛，容納。杜甫《南鄰》：「秋水才深四五尺，野航恰受兩三人。」石：計算容量的單位。十斗為一石。《史記・伍子胥列傳》：「楚國之法，得伍胥者賜粟五萬石。」
4. 塋域：墓地。《周禮・春官・肆師》：「掌兆中廟中之禁令」漢鄭玄注：「兆壇，塋域。」《後漢書・欒巴傳》：「大行皇帝晏駕有日，卜擇陵園，務從省約，塋域所極，裁二十頃。」
5. 辯才：唐僧，居越州永欽寺，智永弟子。
6. 碁：圍棋，亦特指棋子。漢揚雄《法言・問道》：「碁棋擊劍，反自眩形。」

至貞觀中，太宗以聽{[校]原本誤作「德」，從《墨池編》、《書苑菁華》及《太平廣記》改}政之暇，(1)銳志玩書，(2)臨寫右軍真草書帖，購募備盡，唯未得《蘭亭》，尋討此書，知在辯才之所，乃降勑追師入內道場供養，(3)恩賚優洽。(4)數日後，因言次乃問及《蘭亭》，方便善誘，(5)無所不至。辯才確稱：「往日侍奉先師，實嘗獲見，自禪師歿後，薦{[校]原本誤作存，從王本、《墨池編》及《太平廣記》改，《書苑菁華》作薦}經□亂墜失，不知所在。」既而不獲，遂放歸越中。後更推究，不離辯才之處。又勑追辯才入內，重問

《蘭亭》。如此者三度，竟靳固不出。(6)上謂侍臣曰：「右軍之書，朕所偏寶，就中逸少之迹，莫如《蘭亭》，求見此書，勞{原本作營，從《墨池編》、《書苑菁華》及《太平廣記》改}於寤寐。(7)此僧耆年，又無所用，若為得一智略之士，以設謀計取之。」{[校]「取之」下，《太平廣記》有「必獲」二字}尚書右僕射房玄齡奏曰：「臣聞監察御史蕭翼者，(8)梁元帝之曾孫，今貫魏州莘縣，負才藝，(9)多權謀，可充此使，必當見獲。」太宗遂詔見翼。翼奏曰：「若作公使，義無得理，臣請私行詣彼，(10)須得二王雜帖三數通。」太宗依給。

1. 聽政：坐朝處理政務；執政。《禮記‧玉藻》：「君日出而視之，退適路寢聽政。」

2. 銳志：意志堅決，願望迫切。《漢書‧禮樂志》：「是時，上方征討四夷，銳志武功，不暇留意禮文之事。」

3. 勑：同「敕」，自上命下之詞，特指皇帝的詔書。《北齊書‧宋遊道傳》：「勑至，市司猶不許，遊道仗市司，勒使速付。」供養：施捨僧人，齋僧。佛教稱以香花、明燈、飲食等滋養三寶（佛、法、僧）為供養，分為財供養、法供養兩種。香花、飲食等為財供養；修行、利益眾生叫法供養。南朝梁劉義慶《世說新語‧賞譽》：「初，法汰北來，未知名，王領軍供養之。」

4. 恩賚：猶恩賜。優洽：優厚。《隋書‧裴蘊傳》：「即日拜開府儀同三司，禮賜優洽。」

5. 言次：言談之間。《三國志‧吳志‧陸遜傳》：「遜後詣都，言次，稱式佳吏。」方便：隨機乘便。《北史‧魏東陽王丕傳》：「若有姦邪方便讒毀者，即加斬戮。」

6. 靳固：寶愛。張彥遠《歷代名畫記‧敘畫之興廢》：「彥遠時未齔歲，恨不見家內所寶。其進奉之外，失墜之餘，存者才二三軸而言。雖有豪勢，莫能求旃，嗟爾後來，尤須靳固。」

7. 寤寐：醒與睡，常用以指日夜。《詩‧周南‧關雎》：「窈窕淑女，寤寐求之。」

8. 蕭翼：蕭翼，本名世翼。太宗時，命為監察御史。充使取義之《蘭亭序》眞迹於越僧辨才。翼初作北人南遊，一見款密留宿，設酒酣樂，探韻賦詩。既而以術取其書以歸。

9. 負：享有。漢司馬遷《報任安書》：「僕少負不羈之行，長五鄉曲之
　　譽。」

10. 詣：前往，到。《史記・孝文本紀》：「乃命宋昌參乘，張武等六人乘傳
　　詣到長安。」

　　翼遂改冠微服，至湘潭，{[校]湘潭《墨池編》作洛陽，《太平廣記》作洛
潭。}隨商人船下，至於越州；又衣黃衫極寬長，潦倒，(1)得山東書生之體。
日暮入寺，巡廊以觀壁畫，過辯才院，止於門前。辯才遙見翼，乃問曰：「何
處檀越？」(2)翼乃就前禮拜，(3)云：「弟子是北人，將少許蠶種來賣，歷寺
縱觀，幸遇禪師。」寒溫既畢，(4)語議便合，因延入房內，(5)即共圍棋撫
琴，投壺握槊，(6)談說文史，意甚相得。乃曰：「白頭如新，傾蓋若舊，今
後無形迹也。」(7)便留夜宿，設㛼面藥酒茶果等。江東云「㛼{[校]《太平廣
記》作缸。}面」，(8)猶河北稱「甕頭」，謂初熟酒也。酣樂之後，請各賦詩。
辯才探得「來」字韻，其詩曰：「初醞一㛼開，新知萬里來。披雲同落莫，(9)
步月共徘徊。夜久孤琴思，風長旅雁哀。非君有秘術，誰照不然灰？」蕭翼
探得「招」字韻，詩曰：「邂逅款良宵，殷勤荷勝招。彌天俄若舊，初地豈成
遙。酒蟻傾還泛，心猿躁似調。誰憐失群翼，長苦葉{[校]《書苑菁華》、《太
平廣記》作業}風飄。」妍蚩略同，(10)彼此諷味，恨相知之晚，通宵盡歡，
明日乃去。辯才云：「檀越閑即更來此。」翼乃載酒赴之，興後作詩，如此者
數四，詩酒為務，其俗混然，遂經旬朔。(11)翼示師梁元帝自畫《職貢圖》，
師嗟賞不已，(12)因談論翰墨。翼曰：「弟子先門，皆傳二王楷書法，弟子又
幼來耽玩，(13)今亦有數帖自隨。」辯才欣然曰：「明日來，可把此看。」翼
依期而往，出其書以示辯才。辯才熟詳之曰：「是即是矣，然未佳善。貧道有
一真迹，頗亦殊常。」翼曰：「何帖？」辯才曰：「《蘭亭》。」翼佯笑曰：「數
經亂離，真迹豈在？必是響搨偽作耳。」(14)辯才曰：「禪師在日保惜，臨亡
之時，親付於吾。付受有緒，那得參差？(15)可明日來看。」及翼到，師自
於屋梁上檻內出之。翼見訖，故駁瑕指纇曰：「果是響搨書也。」紛競不定。
(16)

1. 潦倒：舉止散漫，不自檢束。三國魏嵇康《與山巨源絕交書》：「足下
　　舊知吾潦倒粗疏，不切事情。」

2. 檀越：梵語音譯。施主。晉陶潛《搜神後記》卷二：「晉大司馬桓溫，

字符子，末年忽有一比丘尼，失其名，來自遠方，投溫爲檀越。」

3. 禮拜：古代禮節，對人施禮祝拜以示敬。漢班固《白虎通‧姓名》：「人拜所以自名何？所以立號自紀禮拜。自後不自名何？備陰陽也。」

4. 寒溫：問候冷暖起居。晉干寶《搜神記》卷十六：「忽有客通名詣瞻，寒溫畢，聊談名理。」

5. 延入：引入，請進。《書‧顧命》：「太保命仲桓、南宮毛、俾援齊侯呂伋以二干戈、虎賁百人，逆子釗於南門之外，延入翼室。」蔡沈集傳：「延，引也。」

6. 投壺：古代宴會禮制，亦爲娛樂活動。賓主依次用矢投向盛酒的壺口，以投中多少決勝負，負者飲酒。參閱《禮記‧投壺》。《左傳‧昭公十二年》：「晉侯以齊侯宴，中行穆子相。投壺，晉侯先」。握槊：古時類似雙陸的一種博戲。《魏書‧術藝傳‧范甯兒》：「趙國李幼序、洛陽丘何奴並工握槊

7. 白頭如新：謂相交雖久而並不知己，像新知一樣。傾蓋：車上的傘蓋靠在一起。「白頭如新，傾蓋若舊」意指不相知者，雖頭白如新識；相知者，雖傾蓋間如舊識也。《史記‧魯仲連鄒陽列傳》：「諺曰：『白頭如新，傾蓋如故』。何則？知與不知也。」形迹：拘禮、客套。宋司馬光《與范堯夫經略龍圖第二書》：「荷堯夫知待，固非一日。望深賜教，督以所不及，聞其短拙，隨時示諭，勿復形迹。」

8. 堈：甕，缸。北魏賈思勰《齊民要術‧作酢法》：「作小麥苦酒法：小麥三斗，炊令熟，著堈中，以布密封其口。」

9. 落寞：冷落，寂寞。《朱子語類》卷一二二：「呂丈在鄉里，方取其家來。」

10. 妍媸：美好和醜惡。這裡指詩歌的水平高下。

11. 旬朔：十天或一個月。亦泛指不長的時日。《宋書‧竟陵王誕傳》：「遲回顧望，淹踰旬朔。」

12. 嗟賞：猶讚賞，歎賞。《北齊書‧斛律羌舉傳》：「高祖以其忠於所事，亦加嗟賞。」

13. 耽玩：專心研習，深切玩賞。《三國志‧吳志‧士燮傳》：「耽玩《春秋》，爲之注解。」

14. 響榻：複製古人書畫墨迹之法。將古字畫貼在窗戶上，用白紙覆在上

面，就明處勾勒出原筆畫，再以濃墨填充。

15. 參差：差錯。唐元稹《代九九》：「每常同坐臥，不省暫參差。」

16. 駁瑕指纇：指斥缺點。紛競：紛起競進。晉葛洪《抱朴子·交際》：「在公之義替，紛競俗成。」

自示翼之後，更不復安於梁檻{[校]《墨池編》作伏檻，《太平廣記》作伏梁}上，並蕭翼二王諸帖並借留置於几案之間。辯才時年八十餘，每日於窗下臨學數遍，其老而篤好也如此。自是翼往還既數，童弟等無復猜疑。後辯才出赴靈汜橋南嚴遷家齋，翼遂私來房前，謂弟子曰：「翼遺卻帛子在床上。」童子即為開門，翼遂於案上取得《蘭亭》及御府二王書帖，便赴永安驛。告驛長淩愬曰：「我是御史，奉勅來此，有墨勅，可報汝都督齊善行。」善行即竇建德之妹婿，在偽夏之時為右僕射，以用吾黃{[校]原本作曾，從《書苑菁華》改}門廬江節公及隋黃門侍郎裴矩之策，舉國歸降我唐，由此不失貴仕，遙授上柱國金印紱綬，(1)封真定縣公。於是善行聞之，馳來拜謁。蕭翼因宣示勅旨，具告所由。善行走使人召辯才。辯才仍在嚴遷家未還寺，遽見追呼，(2)不知所以。(3)又遣散直云：「侍御須見。」及師來見御史，乃是房中蕭生也。蕭翼報云：「奉勅遣來取《蘭亭》。《蘭亭》今得矣，故喚師來取別。」(4)辯才聞語，身便絕倒，良久始蘇。

1. 紱：繫官印的絲帶，也指官印。《漢書·匈奴傳下》：「授單于印紱，詔令上故印紱。」《文選·張衡《西京賦》》：「降尊就卑，懷璽藏紱。」李善注：「紱，綬也。」

2. 遽：匆忙。《左傳·昭公五年》：「越大夫常壽過帥師會楚子於瑣，聞吳師出，蓮啟疆帥師從之，遽不設備，吳人敗諸鵲岸。」

3. 所以：原因，情由。《文子·自然》：「天下有始，莫知其理，唯聖人能知所以。」

4. 取別：告別。《太平廣記》卷一一五引唐道世《法苑珠林·王弘之》：「軌忽更來愧謝。因云：『今即取別。』舉家哭而送之」。

翼便馳驛而發，(1)至都奏御，太宗大悅。以玄齡舉得其人，賞錦彩千段；擢拜翼為員外郎，加入五品，賜銀瓶一，金鏤瓶一，瑪瑙碗一，並實以珠，內廄良馬兩匹，兼寶裝鞍轡，莊宅各一區。太宗初怒老僧之祕恡，俄以其年耄，不忍加刑，數日後仍賜物三千段，穀三千石，便勅越州支給。辯才不敢

將入己用，回造三層寶塔，塔甚精麗，至今猶存。老僧因驚悸患重，(2)不能強飯，(3)唯歠粥，(4)歲餘乃卒。

1. 馳驛：駕乘驛馬疾行。《魏書・形巒傳》：「司徒崔浩對曰：『穎臥疾在家。』世祖遣太醫馳驛就療。」

2. 驚悸：驚慌而致心悸，十分擔心害怕。晉袁宏《後漢紀・獻帝紀王》：「仰維爵高寵厚，俯思自效，憂深責重，驚悸累息，如臨於谷。」

3. 強飯：同「強飯」，努力加餐，勉強進食。《史記・外戚世家》：「行矣，強飯，勉之！即貴，無相忘。」

4. 歠：飲，喝。《國語・越語上》：「句踐載稻與脂於舟以行，國之孺子之遊者，無不餔也，無不歠也。」《楚辭・漁夫》：「何不餔其糟而歠其醨？」

　　帝命供奉搨書人趙模、韓道政、馮承素、諸葛貞等四人各搨數本，以賜皇太子諸王近臣。貞觀二十三年，聖躬不豫，(1)幸玉華宮含風殿，臨崩，謂高宗曰：「吾欲從汝求一物，汝誠孝也，豈能違吾心耶？汝意如何？」高宗哽咽流涕，引耳而聽受制命。(2)太宗曰：「吾所欲得，《蘭亭》，可與我將去。」及弓劍不遺，(3)同軌畢至，(4)隨仙駕入玄宮矣。今趙模等所搨，在者，一本尚值錢數萬也。人間本亦稀少，代之珍寶，難可再見。

1. 聖躬：猶聖體。臣下稱皇帝的身體。晉袁宏《後漢紀・順帝紀下》：「恐左右忠孝，不欲屢勞聖躬，以為親耕可廢。」不豫：天子有病的諱稱。《逸周書・王權》：「維王不豫，於五日召周公旦。」朱右曾校釋：「天子有疾稱不豫。」

2. 制命：敕命。《北齊書・文宣帝紀》：「德之不嗣，仍離屯圮，盜名字者遍於九服，擅制命者非止三公，主殺朝危，人神靡繫，天下之大，將非魏有。」

3. 弓劍：傳說黃帝騎龍仙去，群臣攀附欲上，致墜帝弓。又黃帝葬橋山，山崩，棺空，唯劍存。後因以「弓劍」為對已故帝王寄託哀思之詞。《魏書・蕭宗紀》：「何圖一旦，弓劍莫追，國道中微，大行絕祀。」

4. 同軌畢至：古代華夏諸侯國。《左傳・隱公元年》：「天子七月而葬，同軌畢至。」

　　吾嘗為左千牛時，隨牒適越，航巨海，登會稽，探禹穴，訪奇書，名僧處士，猶倍諸郡，固知虞預之著《會稽典錄》，人物不絕，信而有徵。(1)其辯才弟子玄素，俗姓楊氏，華陰人也。漢太尉之後，六代祖佺期為桓玄所害，子孫避難，潛竄江東，後遂編貫山陰，即吾之外氏近屬，今殿中侍御史瑒之族。

　　1. 信而有徵：真實而有依據。《左傳·昭公八年》：「君子之言，信而有徵，故怨遠於其身。」

　　長安二年，素師已年九十二，視聽不衰，猶居永欣寺永禪師之故房，親向吾說。聊以退食之暇，(1)略疏其始末，庶將來君子，(2)知吾心之所存，付永彭年、明察微、溫抱直、超令叔等兄弟。其有好事同志須知者，亦無隱焉。(3)

　　1. 退食：退朝就食於家或公餘休息。《北史·高允傳》：「[司馬消難]因退食暇，尋季式，酣歌留宿。」

　　2. 庶：希望，但願。漢許沖《《說文解字·後序》》：「庶有達者，理而董之。」段玉裁注「庶，冀也。」

　　3. 同志：志趣相同，志向相投。《國語·晉語四》：「同德則同心，同心則同志。」

　　於時歲在甲寅季春之月上巳之日，感前代之修禊，而撰此記。主上每暇隙，(1)留神術藝，迹逾華{[校]《書苑菁華》作邁筆}聖，偏重《蘭亭》。僕開元十年四月二十七日任均州刺史，蒙恩許拜掃。(2)至都，承訪所得委曲，(3)緣病不獲詣闕，(4)遣男昭成皇太后挽郎吏部常選騎都尉永寫本進。其日奉日曜門宣勅，內出絹三十疋賜永，(5)於是負恩荷澤，手舞足蹈，捧戴周旋，光駭閭里。僕局天聞命，(6)伏枕懷欣，(7)殊私忽臨，沉痾頓減。(8)輒題卷末，以示後代。

　　1. 暇隙：空隙餘暇。唐太宗《金鏡》：「楚莊暇隙而懷憂，武侯罷朝而含喜。」

　　2. 拜掃：掃墓，上墳。《南史·梁紀中·武帝下》：「拜掃山陵，涕淚所灑，松草變色。」

　　3. 委曲：事情的原委、底細。《魏書·后妃傳·孝文幽皇后》：「然惟小黃門蘇興壽密陳委曲，高祖問其本末，敕以勿泄。」

4. 詣闕：赴朝堂。《漢書‧朱買臣傳》：「後數歲，買臣隨上計吏爲卒，將重車至長安，詣闕上書，書久不報。」

5. 疋：量詞。用於紡織品或騾馬等。《漢書‧叔孫通傳》：「乃賜通帛二十疋，衣一襲，拜爲博士。」

6. 局天：惶懼不安貌。王維《謝除太子中允表》：「伏謁明主，豈不自愧於心，仰側群臣，亦復何施其面。局天自省，無地自容。」

7. 伏枕：伏臥在枕上。《詩‧陳風‧澤陂》：「寤寐無爲，輾轉伏枕。」後多指因病弱、年老而長久臥床。《北齊書‧陸卬傳》：「遭母喪，哀慕毀瘁，殆不勝喪。至沈篤，頓昧伏枕。」

8. 沉疴：亦作「沉痾」，重病；久治不愈的病。南朝宋鮑照《自礪山東望震澤》：「以此藉沉疴，棲迹別人群。